_____ 님께

....
....
....
....
....
....
....

_____ 드림

한 권으로 읽는 일천 권의 자기계발서

세상의 모든 지혜 100

글:김영진 그림:김천정

김영진문학관

■ 머리말

■ 세상의 모든 지혜 100
한 권으로 읽은 천 권의 자기 개발서

나는 '인간 개발'이라는 말을 참 좋아한다. 인간 개발이라는 말만 들어도 가슴이 뛴다. 성서를 출판하고 보급하는 일이 나의 달란트임을 알아차리고, 그 일에 매진하기 시작하면서부터 나의 가슴 안에서는 또 하나의 새로운 역사가 씌어지고 있었다. 인간 개발에 눈을 뜨고, 인간 개발에 미치고, 인간 개발을 위해 나의 모든 것을 쏟아 부었던 역사가 열렸다. 나의 삶은 늘 그 역사의 한가운데에 있었다.

한국이 지금 세계 10위권이라고들 하는데, 이만큼 된 것도 따지고 보면 인간 개발에 보이지 않게 애를 써준 여러분들 덕분이 아닐까. 안으로 밖으로 자기를 꽃피우고 인생을 꽃피운 수많은 성취인들, 나는 그들을 책과 영화와 강연으로 만나 왔다. 그들을 통해서 나는 천년의 지혜를 배웠고, 인간이 해낼 수 있는 최고의 가치와 가능성을 알았다.

인간이 인간다울 수 있는 것은 자기를 알고자 하는 노력 때문이다. 5천 년 전에도 5만 년 전에도 양들은 오늘날과 조금도 다름없이 평화롭게 풀을 뜯었을 것이다. 기나긴 세월이 흐르는 동안에도 양들의 삶에는 아무런 변화가 없다. 왜 그럴까. 양들은 그저 평화롭기만 할 뿐 지혜란 말도, 개발이라는 말도 까맣게 모르기 때문이다. 양들은 그저 양들일 뿐이다.

하지만 인간이라고 해서 다를 것은 없다. 개발이라는 것을 모르는 사람들은 인공위성이 지구를 맴도는 21세기에도 문명과 동떨어진 오지에서 석기 시대나 다를 게 없는 삶을 살아간다.

지혜에 눈을 뜨지 않는 사람은, 사람으로서의 자기를 꽃피울 줄 모르고, 씨앗인 채로 남아 있는 것과 같다. 씨앗을 보라. 자기가 아닌, 바깥에 있는 무언가를 가져다가 싹을 틔우는 것이 아니다. 햇빛과 바람과 토지의 도움을 받긴 하지만, 씨앗은 언제나 자신의 핵을 열어서 싹을 틔우고 꽃을 피운다. 우리도 마찬가지로 내 안에 깃든 씨앗을 싹틔워야 한다. 내 안의 씨앗을 싹틔워야 인생이 꽃을 피운다.

이 책에는 목표, 창의력, 신념, 인내, 판단력, 의지력, 처세술, 지혜, 실천, 성찰 등 열 가지의 주제에 100가지의 실전 프로젝트가 담겨 있다. 다양한 길, 다양한 주제를 다루는 것 같지만, 저마다 가슴 깊은 곳에 간직되어 있는 신성한 씨앗을 가리킨다. 그것을 열어서 싹 틔우는 방법을 제시한 것이다.

『책읽은 사람이 세계를 이끈다』, 『뛰는 자가 아름답다』, 『에너지 충전소』로 대표되는 몇 권의 베스트셀러를 펴냈지만, 이 책은 나의 전 생애가 투자된 자기 개발서로서 '세상의 모든 지혜'를 응축시킨 압축 식량 같은 것이다. 처세술과 성공학, 삶의 의미와 자세, 창조적인 두뇌 개발을 위한 수많은 책과 사람들의 말 속에서 건져 올린 알토란 같은 열매들이니만큼, 음미할수록 살아 있는 양분이 되고 에너지원이 되어 줄 것이라고 믿는다.

내 안에 깃든 지혜의 씨앗들이 움트고 자라날 수 있도록 햇빛이 되고 물이 되고 자양분이 되어 준 수많은 저서와 명사들에게 무엇보다도 깊은 감사를 드린다. 그들이 있었기에 내 인생이 살아날 수 있었다. 상상력을 자극하는 기발하고도 입체적인 그림으로 생기를 불어넣어 준 김천정 화백께도 머리 조아려 감사드린다.

2019. 1. 11

차 례

1부 ■ 목표 - 진정한 나를 찾아서

1. 내 안의 유전을 찾아라 /15
2. 나만의 목표를 가져라 /17
3. 어디서든 제몫을 하라 /19
4. 더 높이 올라가라 /21
5. 한 우물을 파라 /23
6. 목표를 향해 돌진하라 /25
7. 두드리고 또 두드려라 /27
8. 밤이 없으면 낮이 없다 /29
9. 삶의 에베레스트를 향하라 /31
10. 나를 찾아 여행하라 /33

2부 ■ 창의력 - 문은 항상 열려 있다

11. 마술 램프에 불을 밝혀라 /37
12. 매일 밤 새로운 이야기를 만들어라 /39
13. 생각의 창을 닦아라 /41
14. 삶의 둥지에 알을 낳아라 /43
15. 누구에게나 숨은 능력이 있다 /45
16. 잠자는 재능을 깨워라 /47
17. 나를 정성껏 조각하라 /49
18. 세상에 잘 적응하라 /51
19. 나만의 춤을 추어라 /53
20. 발상의 전환을 하라 /55

3부 ■ 신념 - 세상을 헤쳐 나가는 힘

21 미래는 현재에 있다 /59
22 말은 그 사람의 인격이다 /61
23 마음의 부자가 잘사는 사람이다 /63
24 적군을 아군으로 만들어라 /65
25 내 안의 적을 이겨라 /67
26 시간의 레일 위를 달려라 /69
27 절망의 명약은 희망이다 /71
28 과거를 접고 미래로 향하라 /73
29 향기롭게 살아라 /75
30 나를 이겨야 한다 /77

4부 ■ 인내 - 결코 쓰지 않다

31 절차탁마의 길을 가라 /81
32 인내를 습관화하라 /83
33 성난 파도를 잠재워라 /85
34 마음을 인내로 봉하라 /87
35 인생은 끝없는 도전이다 /89
36 희망의 등대를 찾아라 /91
37 나와의 싸움에서 이겨야 한다 /93
38 새처럼 자유롭게 날아올라라 /95
39 마음에도 눈이 내린다 /97
40 내일을 위해 잠을 자라 /99

5부 ■ 판단력 - 나를 넘어서서 전체의 그림을 그려라

- ④1 자유의 바다에 몸을 던져라 / 103
- ④2 마음의 문을 열어라 / 105
- ④3 자신 있게 말하라 / 107
- ④4 생각하고 말하라 / 109
- ④5 나부터 바뀌어야 한다 / 111
- ④6 자신을 거울에 비추어 보라 / 113
- ④7 나부터 팔아라 / 115
- ④8 우뇌 사랑의 전도사가 되라 / 117
- ④9 진정한 용기는 나를 버리는 것이다 / 119
- ⑤0 역사의 수레바퀴를 돌려라 / 121

6부 ■ 의지력 - 일어서라고 부추겨라

- ⑤1 더 높이 더 멀리 보아라 / 125
- ⑤2 하늘은 무너지지 않는다 / 127
- ⑤3 높아지려면 더욱 낮아져라 / 129
- ⑤4 숙면을 취하라 / 131
- ⑤5 산에서 내려올 때를 걱정하라 / 133
- ⑤6 태양은 날마다 뜬다 / 135
- ⑤7 시련을 뛰어넘어라 / 137
- ⑤8 위기를 극복하라 / 139
- ⑤9 패배를 자산으로 삼아라 / 141
- ⑥0 행복의 파랑새 / 143

7부 ■ 처세술 — 인생은 함께하는 여행이다

- 61 덕담하기 / 147
- 62 칭찬에 익숙해져라 / 149
- 63 좋은 상품이 되어라 / 151
- 64 으뜸 사람이 되어라 / 153
- 65 더불어 잘살아라 / 155
- 66 위기에 맞서 싸워라 / 157
- 67 그물로 고기를 잡아라 / 159
- 68 실수를 거울로 삼아라 / 161
- 69 사람답게 살아라 / 163
- 70 나 같은 친구를 만나라 / 165

8부 ■ 지혜 — 나와 세상의 등불

- 71 칼보다 붓이 강함을 알라 / 169
- 72 나 자신을 알라 / 171
- 73 사람의 마음을 얻어라 / 173
- 74 영혼의 둥지를 틀어라 / 175
- 75 지금을 최대한 활용하라 / 177
- 76 제대로 사랑하라 / 179
- 77 겉과 속이 같은 모습으로 살아라 / 181
- 78 사랑을 나누며 살아라 / 183
- 79 마음의 선물을 주고받아라 / 185
- 80 행복을 누려라 / 187

9부 ■ 실천-행동이 없으면 빈 껍데기

- 81 꿈을 키워 나가라 / 191
- 82 미래라는 나무를 심어라 / 193
- 83 좋은 생각은 바로 실천하라 / 195
- 84 담장을 허물어라 / 197
- 85 일에 미쳐라 / 199
- 86 새로운 나로 태어나라 / 201
- 87 일을 즐겨라 / 203
- 88 잘 노는 사람이 일도 잘한다 / 205
- 89 오늘은 새로운 날이다 / 207
- 90 이 세상은 아름다운 꽃밭이다 / 209

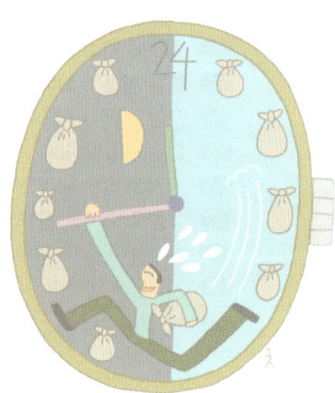

10부 ■ 성찰
삶에 깊이를 더해 주는 시간을 가져라

- 91 주어진 일에 감사하라 / 213
- 92 늘 기도하며 살아라 / 215
- 93 자갈처럼 튕겨 나가지 마라 / 217
- 94 평화로운 마음을 가져라 / 219
- 95 집에서는 편안하게 쉬어라 / 221
- 96 나를 돌아보게 하는 거울이 있어야 한다 / 223
- 97 휴식을 취하라 / 225
- 98 자연과 더불어 살아라 / 227
- 99 강물이 흘러가는 곳을 알고 떠나라 / 229
- 100 믿음의 눈으로 바라보라 / 231

세상의 모든 지혜 100

1부

진정한 나를 찾아서

멀리 바라볼 것도 없다.
이리저리 찾아 헤맬 것도 없다.
누구나 발밑에
엄청난 유전을 깔고 있으니
자기 자신부터 살펴볼 일이다.
아직 개봉되지 않은 전인미답의
개척지가 광대하게
펼쳐져 있으니
그 유전에서 삶의 기쁨과
보람을 퍼올리자.
자유와 풍요를 가져다 주는
잠재력의 자원을 길어 올리자.

세상의 모든 지혜 1 유전

숨은 능력을 발휘하라

인간은 무언가를 추구하며 살아가는 동물이다. 살면서 더욱 많이 갖기를 원하고 그것을 갖기 위해 달려간다. 그런 과정에서 다른 사람에게 상처를 주기도 하고 추락하기도 한다. 성공하고 싶다면, 부자가 되고 싶다면 확고한 목표로 자신을 살펴보아야 한다. 엄청난 유전(油田)이 발밑에 있는 것도 모르고 남의 것만 바라보며 살아서는 안 된다. 꿈을 이루려면 내 안의 유전을 찾아야 한다. 깊이 파 보아야 한다.

내 안의 유전을 찾아라

오막살이에서 가난하게 살던 사람이
나는 왜 가진 것이 아무것도 없느냐고
뜻대로 되는 것이 하나도 없느냐고
일생을 불평이나 하며 살았다

이 모든 것을 세상 탓이라며
불행을 끌어안고 살던 그가 죽은 후
그의 오막살이 터에서 석유가 나와
다른 사람들이 돈벼락을 맞게 되었다

우리는 유전 위에 앉아 있으면서도
세상 탓만 하는 것은 아닌지
아무것도 가진 게 없다고
절망하는 것은 아닌지 모르겠다

자신의 재능과 일할 수 있는 능력이
유전인 줄 모르고 사는 건 아닌지
엄청난 석유를 가진 부자는 아닌지
자신의 오막살이 밑을 파 볼 일이다

세상의 모든 지혜 2 목표

재능의 씨앗을 발견하라

애드벌룬 같은 꿈으로만 인생을 채우는 것은 욕심에 불과한 걸까. 시인 김상용은 "왜 사느냐고 묻거든 웃지요"라고 했다. 그러나 사람은 누구나 의미 있고 가치 있는 목표가 있어야 한다. 어릴 적에는 과학자, 예술가, 정치가, 기업가, 스포츠맨, 의사, 법률가, 군인 등 큰 꿈을 갖는다. 목표가 있음으로써 삶은 가치 있다. 나이가 들면서 자꾸 머뭇거리지만 확실한 삶의 목표가 있어야 한다. 고지를 향해 한 발씩 오르듯 목표를 향해 조금씩 다가가야 한다. 모든 생각과 말과 행동이 해바라기처럼 높을 곳을 바라보아야 한다.

나만의 목표를 가져라

왜 사느냐고 묻는다면
어떻게 대답할까
사람이 사람다우려면
목표가 있어야 한다

누군들 많이 갖고 싶지 않으랴
누군들 높이 되고 싶지 않으랴
누구에게나 삶의 목표가 있다
누구나 먼 앞날의 지도를 그린다

말 못 하는 짐승들도
먹고 사는 일에 부지런하고
새끼를 낳고 기르는 일에
제 몸을 아끼지 않는다

내가 할 수 있는 목표는 무엇인가
나와 가족과 이웃과 사회와 인류를 위해
사람으로 태어나 사람만이 할 수 있는
부끄럽지 않은 목표가 있어야 한다

세상의 모든 지혜 3 역할

돌탑을 쌓듯이 성곽을 쌓듯이

나 하나쯤이야 하고 자기 몫의 일을 게을리하면, 그것은 성곽에서 돌 한 개를 빼내는 것과 같다. 아무리 높은 제방도 작은 구멍 하나로 서서히 무너진다. 나 한 사람의 무책임과 방종이 사회를 좀먹게 하고 나라의 기틀을 흔들리게 한다. 시대가 요구하는 시민상은 한 개의 돌 같은 정신이다. 내가 먼저 가정과 사회와 국가 속에서 한 개의 돌이 되어야 한다. 튼튼한 기틀이 되어야 한다.

어디서든 제 몫을 하라

아무리 정교하게 쌓은 돌탑도
한 개의 돌만 빼내도 모두 무너지듯
국가나 사회에서 한 사람, 한 사람
제자리에서 제 몫을 해야 발전한다

아무리 높게 쌓은 제방도
작은 구멍 하나에 허물어지듯
나 한 사람의 무책임과 방종이
사회와 나라를 병들게 한다

중국의 만리장성도 한 개의 벽돌이
쌓이고 쌓여 여러 개의 벽돌을 만들듯
돌탑을 쌓듯이 성곽을 쌓듯이
중심과 모서리에 힘을 실어야 한다

한 개의 소중한 돌이 되어
내가 맡은 일에 최선을 다할 때
그 한 사람 한 사람이 모이고 모여
부강한 나라와 자랑스러운 역사를 만든다

세상의 모든 지혜 # 4 열매

우듬지 끝까지 타고 오를 일이다

씨 뿌리지 않으면 거둘 수 없다. 농부가 가을 들판에서 곡식을 거둬들여 곳간에 쌓아 놓을 수 있는 것은, 이른 봄부터 들에 나가 정성껏 씨 뿌리고 땀 흘려 돌보았기 때문이다. 땀을 흘리지 않고는 거둘 열매도 없다. 남들이 올라간 지위, 명예, 부, 행복의 나무를 부러워하며 쳐다보기보다는 두 팔 걷어붙이고 나무에 오를 일이다. 힘들고 위험할지라도 포기하지 말고 계속 올라가야 한다. 한 알의 열매라도 따서 챙겨야 한다.

더 높이 올라가라

학가산 기슭 산골 마을에서
동네 아이들이 나무타기를 한다
탐스러운 감을 따먹기 위해
너도나도 나무타기를 한다

나무를 타고 높이 오르는 아이가
맛있는 감을 따먹을 수 있다
아래에서 입만 벌리고 있으면
감은 입에 들어오지 않는다

나무타기가 위험하고 힘들다고
미끄러워서 올라가기 힘들다고
게으름을 피우거나 포기하면
먹고 싶은 감을 딸 수가 없다

나무를 가장 잘 타는 아이가
더 많은 감을 따지 않던가
아무리 높은 감나무라도
우듬지 끝까지 타고 오를 일이다

세상의 모든 지혜 5 외길

물이 바위를 뚫는 끈기로

"한 우물을 파라."라는 속담이 있다. 사람의 일생이 짧다고는 하지만 꾸준히 외길을 고집하면 언젠가는 뜻하는 바를 이루게 된다. 그 분야에서 일가를 이룬 사람들은 외길을 걸어온 사람들이다. 인간 문화재로 손꼽히는 사람들은 어릴 때부터 한길로만 걸어왔다. 희망이 작은 것일지라도 포기하지 않고 꾸준히 노력하면 결국 그 뜻을 이룰 것이다. 당장 눈앞의 이익보다는 미래를 바라보는 눈이 있어야 한다.

한 우물을 파라

처녀 끝에서 한두 방울 떨어지는
물방울이 돌을 파이게 하고
골짜기의 작은 물줄기가
바위를 뚫고 지나간다

티끌이 모여 태산이 되고
시냇물이 흘러 바다가 되듯이
작은 일이 쌓이고 쌓이면
위대한 역사를 이루는 것

서두르지는 않으나 멈추지 않고
빠르지는 않으나 쉬지 않으며
나의 길을 한 걸음씩
걸어가는 자만이 승리한다

물이 바위를 뚫는 끈기로
절망하지 않고 살아간다면
작은 희망은 꽃이 피고
풍성한 열매를 맺을 것이다

세상의 모든 지혜 6 모험

목표를 향한 도전 정신으로 벤처 인간이 되어야 한다

인류 역사는 벤처의 역사이다. 콜럼버스가 신대륙을 발견하고 에디슨이 숱한 발명품을 만든 것도 벤처 정신의 소산이다. 에베레스트는 죽음을 무릅쓰고 빙벽을 기어오르는 자들에게만 문을 열어 준다. 도전하는 자에게만 행복의 문을 열어 주니 도전해야 성공한다. 내 몸을 사리고 적은 투자로 많은 것을 얻으려는 욕망은 벤처가 아니다. 개인도 사회도 국가도 진정한 벤처 정신은 목표를 향해 모든 에너지를 쏟는 것이다.

목표를 향해 돌진하라

정신없이 빠른 속도로
정신없이 돌아가는 세상에
안이한 생각과 느슨한 정신은
급물살의 높은 파도에 난파된다

정글 같은 인간 세상에는
곳곳에 맹수가 으르렁거린다
사방에 위험한 늪과 덫이 놓이고
곳곳에 깊은 함정이 파여 있다

위험을 무릅쓰고 앞으로 나아가
남들이 생각지 못한 아이디어와
목표를 향한 도전 정신으로
벤처 인간이 되어야 한다

고통 없는 면류관이 없듯이
도전 없는 성공은 있을 수 없다
행운만 바라며 안주하지 말고
끊임없이 거듭나야 한다

세상의 모든 지혜 7 열쇠

모든 문은 두드리는 자의 것

현대인은 누구나 열어야 할 문이 있다. 집, 사무실, 책상, 금고, 자동차 등 열어야 할 문들이 많다. 나아가 취업, 결혼, 승진, 성공, 꿈, 행복 등도 열어야 할 인생의 문들이다. 그러나 문은 쉽게 열리지 않는다. 문을 여는 열쇠는 무엇인가. 두드리는 것이다. 포기하지 않고 두드려야 한다. 모든 문은 두드리는 자의 것이다.

두드리고 또 두드려라

문은 열기 위해 만든 것
아무리 굳게 닫힌 문도
두드리고 또 두드리면
언젠가는 열리게 된다

인생의 길도 문과 같다
잠겨 있다고 돌아서지 마라
어쩌면 문은 그 두드림을
기다리고 있을지도 모른다

문을 여는 열쇠는 오직 하나
간절함이 있다면 문은 열린다
모든 문은 두드리는 자의 것
목표를 향해 두드리면 열린다

내가 열려는 문의 열쇠는
결국 내 손에 있음을 알라
두드리고 또 두드리면
언젠가 그 문은 활짝 열린다

세상의 모든 지혜 8 전진

별은 어둠 속에서 밝게 빛나고

태양은 언제나 흑암을 뚫고 찬란하게 솟아오른다. 세상은 언제나 빛과 그림자가 있고 어둠과 밝음이 있다. 밤이라면 머잖아 낮이 돌아올 것이다. 절망 속에서 삶을 포기하지 말아야 할 이유가 여기에 있다. 오늘의 역경은 내일을 준비하는 잠깐의 어둠일 뿐이다. 어둠을 뚫고 일어서면 밝은 아침이 기다릴 것이다. 내 인생의 빛과 그림자는 다른 게 아니라 동전의 양면과 같다. 그림자가 있다는 것은 어딘가 빛이 있다는 것이다. 목표물은 항상 장애물 뒤쪽에 있다.

밤이 없으면 낮이 없다

밤이 없으면 낮이 있을까
저녁에 해가 지지 않으면
아침에 뜨는 해를 만날 수 없다
사람의 생애도 밤과 낮이 있다

별은 어둠 속에서 밝게 빛나고
산이 높으면 골이 깊은 법이다
눈보라 몰아치는 겨울이 있어야
새 지저귀고 꽃 피는 봄날이 온다

순풍에 돛 단 듯 순조롭지 않은
인생의 항해에서 태풍을 만나거나
안개와 어둠 속에서 헤매고
암초에 부딪쳐 난파되기도 한다

어둠을 뚫고 역경을 딛고 일어설 때
폭풍우 지나간 자리는 잠잠해지고
하늘에는 어느새 숨었던 별이
하나둘 보이기 시작하리라

세상의 모든 지혜 9 도전

하나뿐인 목숨을 걸고

황금을 얻고 권력을 잡기 위해 온갖 수단과 방법을 가리지 않는 사람들이 있다. 그러나 지구의 최고봉에 오르기 위해 목숨을 거는 일은 아무나 못 한다. 눈사태의 위험 속 가파른 빙벽을 기어오르는 일은 끔찍하다. 그런데도 오르고 또 오른다. 정신과 육체의 힘을 쏟는다면 못 이룰 일이 있겠는가. 우리 모두에게는 올라야 할 에베레스트가 있다. 운동 선수는 올림픽에서 금메달이나 세계 신기록, 과학자는 세계를 놀라게 할 발명, 예술가는 천년 뒤에도 썩지 않을 불후의 작품이다. 저 멀리 우뚝 솟은 목표를 향해 한 치의 흐트러짐 없이 준비하고 도전하자.

삶의 에베레스트를 향하라

세계의 지붕이라 불리는
지상에서 가장 높은
에베레스트를 정복하기 위해
오르고 또 오르는 사람들이 있다

눈사태와 빙벽을 이기고
죽음을 무릅쓰고 오르는 사람들은
황금이나 권력을 얻는 것도 아닌데
하나뿐인 목숨을 걸고 도전한다

사람은 누구나 도달하고 싶은
삶의 에베레스트가 있다
저 멀리 보이는 눈 덮인 산을 향해
혹독한 추위도 아랑곳하지 않는다

나는 오늘 나의 에베레스트를 위해
얼마나 힘든 등반을 했는가
좌절하거나 포기하지 않고
목숨을 건 싸움에서 이겼는가

세상의 모든 지혜 10 여행

인생은 여행과 같은 것

인생이 무겁게 느껴지는 것은 가볍게 떠날 수 없기 때문이다. 마음 내킬 때마다 훌쩍 떠나는 것에 익숙해져야 한다. 심각한 표정으로 무겁게 살든 가볍게 산책하듯이 살든 어차피 인생 한마당이다. 물질에 집착하고 사랑에 집착해 보아야 아픔만 크다. 세상은 넓고 갈 데는 많다. 둥지를 박차고 날아올라 자유로움을 만끽하자. 미처 접하지 못한 바깥 세계를 돌아보자. 돌아올 때는 영혼의 높이가 부쩍 자라 있을 것이다.

나를 찾아 여행하라

가끔은 낯익은 둥지에서 벗어나
낯선 땅 낯선 곳으로 떠날 일이다
다람쥐 쳇바퀴 도는 듯한
일상을 박차고 떠날 일이다

미지의 시간과 만나고
미지의 자연과 만나고
미지의 역사와 문화를 만나고
미지의 사람과 만나는 여행

빈손으로 와서 빈손으로 떠나는
인생은 여행과도 같은 것
그 무엇도 잡아 둘 수 없으니
훌쩍 떠나는 법을 익혀야 하리라

낯선 얼굴과 낯선 풍물 속에서
새로운 눈으로 나를 바라보고
한결 깊어진 눈으로 돌아와
다시 시작하는 법을 배워야 하리라

2부

> 창의력

문은 항상 열려 있다

스스로 닫지 않는 한
생각의 문은
언제나 활짝 열려 있다.
알라딘의 요술 램프처럼
무한한 창의력의
샘이 내장되어 있다.
우리 안에 있는
창조의 샘에서
물을 길어 올리자.
삶을 풍요롭게 해 줄
창조적인 생각의 씨를 뿌리자.

세상의 모든 지혜 **11** 머리

알라딘의 램프는 머릿속에 있다

아날로그 시대에서 디지털 시대로 넘어왔다. 문명의 개벽이다. 디지털 시대에서 살아남으려면 남보다 한발 앞서야 한다. 남과는 다른 특이한 아이디어 창출이 있어야 한다. 오늘날의 전자 기술은 한순간만 눈을 돌려도 벌써 뒤처져 버린다. 알라딘의 램프에서 요정이 나와 궁궐을 지어 준 것은 헛된 꿈이 아니다. 아이디어 하나로 일약 갑부가 되는 세상이 아닌가. 끝없이 샘솟는 창의력의 기름으로 계속 환하게 불을 밝혀야 한다.

마술 램프에 불을 밝혀라

나는 어려서 왕자를 꿈꾸며
아라비안나이트에 나오는
알라딘의 마술 램프를 갖겠다고
마음먹으며 자랐었다

천일 밤 이야기보따리를 풀어
죽음의 공포에서 벗어나듯
오늘 우리도 끝없이 샘솟는
나만의 이야기가 있어야 한다

남보다 앞서는 지혜가 없다면
남과는 다른 창조적인 생각과
실천이 따르지 않는다면
날이 밝는 것이 두려우리라

알라딘의 램프는 머릿속에 있다
그 램프에 불을 밝혀야 한다
끝없이 샘솟는 창의력은
나의 램프에 불을 밝힌다

세상의 모든 지혜 **12** 창의

매일 밤 새로운 이야기를 만들어

셰에라자드는 매일 죽음을 생각하는 절박함 속에서 왕의 호기심을 끌려고 이야기를 만들어 냈다. 닥쳐올 시련의 칼날을 막으려면 날이 밝기 전에 독창적인 지혜를 짜내야 한다. 물 위로 튀어 오르는 돌고래처럼 위기에 굴하지 말고 생명의 노래를 불러야 한다. 하루가 무섭게 변화하는 초고속 디지털 시대에 한발 뒤지는 것은 영원한 추락을 의미한다. 소비자라는 왕이 군침 흘릴 수 있게 해야 한다. 맛있는 먹이를 계속 던져 주어야 내가 살고 기업이 산다. 그런 절박함으로 창의력의 샘을 파야 한다.

매일 밤 새로운 이야기를 만들어라

아라비안나이트에서는
양탄자가 하늘을 날아다니고
요정이 램프 속에서 튀어나오고
마귀가 인간들과 공존한다

지혜로운 신부 세에라자드는
하루하루 생명을 연장하기 위해
밤마다 왕의 호기심을 자극하는
새로운 이야기를 들려주었다

그렇게 날마다 새로운 이야기로
1,001일을 들려주는 세에라자드에게
복수심에 끓어오르던 왕의 마음도
따스한 햇볕처럼 녹아 버렸다

오늘은 또 무슨 이야기를 만들까
무한 경쟁 시대를 사는 우리는
세에라자드의 끝없는 이야기처럼
마르지 않는 기발한 샘을 파야 한다

세상의 모든 지혜 **13** 생각

생각의 밭을 갈아야 한다

서정주 시인은 생전에 팔순이 넘도록 세계의 산 이름을 1,600여 개나 외웠다. 시 쓰는 일, 고도의 정신 운동을 하는 분도 머리가 녹슬지 않고, 생각이 둔탁해지지 않도록 산 이름을 외운 것이다. 우물물은 적당히 길어 주어야 맑은 물이 나온다. 우리의 생각도 쓰지 않으면 녹슬어 버린다. 머리와 가슴속에서 더 깊고 맑은 생각의 우물물을 긷기 위해 무엇을 하는가. 매일 아침 세수를 하고 이를 닦듯이 생각의 거울도 갈고 닦아야 한다. 무딘 생각의 쟁기로는 가을의 풍년을 기대할 수 없고, 청명한 하늘이 보일 리도 없다.

생각의 창을 닦아라

흐린 안경이나 흐린 유리창으로는
사물을 확실히 보지 못한다
사물을 바라보는 것은 눈이지만
눈으로만 세상을 보는 게 아니다

생각이 흐리면 눈이 밝아도
세상이 어두워 보인다
세상을 똑바로 제대로 보려면
생각의 창을 닦아야 한다

농부가 밭을 갈듯이
생각의 밭을 갈아야 한다
밤낮없이 생각을 갈고 닦아야
새 곡식과 새 과일을 거둘 수 있다

생각의 창을 닦으면
세상이 보이고 미래가 보인다
막힌 길이 뚫리고
절망이 희망으로 변한다

세상의 모든 지혜 14 탄생

사람들은 생각이라는 알을 낳는다

사람들은 자신의 둥지에 알을 낳는 새이다. 알 하나 낳기까지 부리로 물어다 나른 수많은 자재와 노동의 대가로 새 생명이 태어난다. 행여 알이 잘못될까 싶어 둥지를 지켜 새로운 생명을 탄생시키며 창작의 길을 연다. 예술과 문명과 과학을 일으킨다. 나만의 창의적인 알을 낳고 부화(孵化)시켜야 한다. 그 알은 무엇을 낳을까. 미래를 기대하며 알을 지키고 보호하는 일을 한다. 숱한 시행착오를 겪으면서 새로운 생명으로 태어나는 과정을 겪는다.

삶의 둥지에 알을 낳아라

어린 시절 처음으로 새 둥지에서
매끄럽고 작은 알들을 보았다
하늘을 나는 새들은 무얼 물어다가
저리 예쁜 둥지를 짓고 알을 낳을까

한 마리 새의 산란과 부화로
둥지의 알이 깨어나 새가 되고
어미 새로 자라나 다시 알을 낳듯이
사람들은 생각이라는 알을 낳는다

인간의 지혜와 예술과 문명이
늘 새롭게 열리는 것처럼
올바른 생각으로 나를 가꾸고
마음을 수련해야 한다

내가 낳고 보듬어 날개를 달게 할
그 둥지 속의 알들을 품고 싶다
지금 나는 어떤 알을 낳으려 하는가
나를 새롭게 부화시키려 하는가

세상의 모든 지혜 15 능력

누구에게나 숨은 능력이 있다

개발의 물결에 떠밀려 신음하는 지구촌을 보라. 자연 자원을 개발하는 데는 한계가 있다. 그러나 인간 개발에는 한계가 없다. 우리 안에는 아직 수면으로 떠오르지 않은 95퍼센트의 잠재 능력이 손이 닿기를 기다린다. 95퍼센트가 나머지 5퍼센트를 찾는 게임이 아니다. 5퍼센트가 나머지 95퍼센트를 찾는 게임이다. 얼마나 희망적인가. 전인미답의 개척지가 있는데도 희망의 노래를 부를 수 없는 것은 눈과 귀를 막고 있기 때문이다. 여명이 아무리 밝아도 쿨쿨 자는 사람은 그것을 볼 수 없다.

누구에게나
숨은 능력이 있다

보물은 달나라에 있는 것도 아니고
우주 먼 곳에 있는 것도 아니고
내 안에 숨어 있으니
내 안의 나를 찾아서 떠나라

사람으로 태어난 이상
누구에게나 숨은 능력이 있다
인생의 기쁨과 보람은
숨어 있는 보물을 찾는 것이다

인생은 결국 진정한 자신을 찾고
또 하나의 나를 찾는 게임이다
누구나 세상에 태어난 뜻이 있고
헤쳐 나갈 재능과 능력이 있다

이제부터라도 감추어진 나를 찾고
내 안의 막대한 보물을 발견하자
놀라운 능력을 개발하려면
새로운 불꽃을 피워야 한다

세상의 모든 지혜 16 재능

나의 재능을 발견하고 가꿀 때

사람에게는 많은 직업과 다양한 활동 분야가 있다. 그 속에는 내가 잘할 수 있는 재능이 하나씩은 있다. 말 잘하는 사람, 노래 잘 부르는 사람, 그림 잘 그리는 사람, 운동 잘하는 사람, 고기 잘 잡는 사람, 글 잘 쓰는 사람, 집 잘 짓는 사람, 흉내 잘 내는 사람 등등. 일자리도 다양하다. 과학자, 예술인, 정치가, 기업인, 회사원, 디자이너, 법조인, 의사, 스포츠맨, 자영업자 등 잘할 수 있는 재능이 있다. 자기만의 재능을 찾자. 열심히 노력하면 누구든 성공의 꽃을 활짝 피울 수 있다.

잠자는 재능을 깨워라

새는 높이 날 수 있고
물고기는 강물을 거슬러 오른다
거미는 쉬지 않고 그물을 짜고
벌은 꿀을 만들어 낸다

하늘의 별만큼이나 많은 직업과
다양한 활동 분야가 있듯이
누구나 한 가지씩의 재능으로
사람은 이 세상을 살아간다

누구에게나 숨은 재능이 있고
무한한 가능성의 씨앗을 품어도
개발하지 않고 노력의 거름 없이는
꽃을 활짝 피우지 못한다

어딘가에 있는 재능을 발견하고
그 씨앗을 정성껏 가꾸어야 한다
나의 재능을 발견하고 가꿀 때
세상은 한층 아름다워질 것이다

세상의 모든 지혜 **17** 조각

오랜 정성과 땀으로 하나의 작품을 완성하듯이

미켈란젤로는 자신의 예술품을 두고 "나는 돌 속에 있는 것을 캐냈을 뿐이다."라고 겸손하게 말했다. 석공이 돌을 쪼고 다듬을 때, 정이 빗나가면 그 돌을 버리고 노력도 허사로 돌아간다. 지진이 일어나도 무너지지 않고, 한 치도 어긋남이 없는 위대한 예술품으로 정성스럽게 조각해야 한다. 과학자들이 화성에 탐사선을 쏘아 보낼 때, 몇만 분의 1도 틀려서는 안 된다고 한다. 우주 과학은 오차를 인정하지 않는다.

나를 정성껏 조각하라

석공은 거친 돌을 쪼아
깎고 다듬어 작품을 조각한다
흔하디흔하고 투박한 그 돌은
위대한 예술품으로 탄생한다

사람이 산다는 것은
이 세상에 왔다 간다는
흔적을 남기기 위해
시간의 돌을 쪼아 만드는 것

예술가들이 그들의 작품을 위해
거친 돌을 깎고 다듬는 것처럼
값지게 살기 위해서는
오차 없는 설계를 해야 한다

석공이 오랜 정성과 땀으로
하나의 작품을 완성하듯이
오늘도 나는 석공이 되어
나만의 작품을 만들어 간다

세상의 모든 지혜 18 탈피

사람도 허물을 벗어야 한다

영혼의 누더기를 계속 입고 있을 수는 없다. 물로 육신의 더러움을 씻어내듯 영혼의 허물을 씻어내야 한다. 허물을 벗고 새롭게 거듭나야 한다. 새로운 삶은 새로운 생각과 새로운 영혼에서 시작된다. 어제의 나는 부끄럽더라도 오늘의 나는 어제의 내 모습이 아니다. 내일은 또 오늘의 내가 아니어야 한다. 후회로 가득한 과거의 상처는 도려내고 새살 돋아나는 내일을 맞이하자.

세상에 잘 적응하라

봄이 되면 무거운 겨울옷을 벗고
모두 가벼운 옷으로 갈아 입는다
때가 되면 짐승도 털갈이하고
나무도 새순 틔우기 바쁘다

여름날 미루나무 끝에서
자지러지게 울던 매미는
껍질만 남겨 둔 채
어디론가 사라져 버렸다

산딸기를 따려고
숲속을 헤매다 보면
가시덤불에 걸린
뱀의 허물을 본 적도 있다

사람도 허물을 벗어야 한다
낡은 껍질을 벗어던져야 한다
세상의 누더기 껍질을 벗고
새롭게 태어나야 한다

세상의 모든 지혜 # 19 열정

구김살 없이 남김없이 아낌없이

길지 않은 한평생 주저할 게 무언가. 이리저리 자로 재면서 망설일 게 무언가. 꿈을 실현하기 위해 애쓰다가 실수를 좀 하면 어떤가. 무대에 나온 이상 마음껏 뛰고 구르며 춤추다 가는 것이 낫지 않은가. 내 마당이 아니라고 낯가림하며 한평생 헛되이 보낼 수는 없지 않은가. 신이 주신 귀한 선물 보따리를 풀어 보지도 않은 것과 같으니, 나 자신을 마음껏 펼쳐야 한다.

나만의 춤을 추어라

흐르는 물은 썩지 않지만
고인 물은 금방 상한다
내 안의 생각도 묻어 두고
표현하지 않으면 녹슬고 만다

솟구치는 열정을 억누르지 말고
구김살 없이 남김없이 아낌없이
자기 자신을 표현하면서 사는
자신만만한 인생은 아름답다

흐르는 물처럼 생각을
계속 흐르게 하고
타오르는 불처럼 솟구치는
열정을 발산하라

인생이라는 이 무대에서
자신을 마음껏 펼쳐라
꿈을 향해 달려가며
나만의 춤을 추어라

세상의 모든 지혜 **20** 혁명

뇌내 혁명으로 우주의 르네상스를

마음은 하루에도 수십 번 경계를 넘나든다. 포기와 체념의 늪에 빠진다. 빛인가 하면 어둠을 헤맨다. 적극적인가 하면 소극적이다. 희망인가 하면 절망 앞에 서 있다. 긍정과 부정에 발목 잡힌다. 깨어 있는 의식의 샘물이 샘솟아 생활 속에 푸른 숲을 적시려면 뇌내 혁명을 하자. 소극적인 자세를 적극적으로 바꾸자. 어둠의 커튼을 활짝 열어젖히고 가치 있게 살려고 노력해야 한다. 건강하고 행복해지려면 늘 사랑하고 감사하는 마음으로 살아야 한다.

발상의 전환을 하라

현대인들은 온갖 질병과
스트레스에 시달리며 산다
그런데 발상의 전환으로
행복하게 살 수 있다고 한다

하루야마 시게오는 뇌내 혁명에서
통쾌한 대답을 제시하여
큰 호응을 얻었다
그 방법은 너무나 간단하다

기도의 시간을 갖고
오늘보다는 내일을 위해 살고
창조적인 열정으로 일하면
뇌에서 엔도르핀이 분비된다고 한다

세 치 오 푼의 뇌내 혁명으로
우주의 르네상스를 이루려면
마이너스 발상을 플러스로 바꾸고
적극적인 자세로 임하라고 한다

3부

세상을 헤쳐 나가는 힘

꽃대를 밀어 올리는
줄기가 허약하면
나무는 꽃도 열매도 달 수가 없다.
신념이 없는 사람은
줄기가 허약한 나무처럼 한평생
수고하고 애써도 피울 꽃이 없다.
거둘 열매가 없다.
꿋꿋한 신념의 꽃대가 올곧게
솟아올라야 많은
꽃과 열매를 볼 수 있다.
그런 사람에게서는
죽어서도 향기가 난다.

세상의 모든 지혜 21 진리

한 알의 모래알에 우주가 들어 있다

진리를 찾아 세상 구석구석을 헤맬 필요가 있는가. 한 알의 모래알에 우주가 들어 있다. 진리는 멀리 우주 끝에 있지 않고 가까운 거리의 작은 사물 안에 있다. 지금 이 순간을 소중하게 여겨라. 지금 내 손 안에 든 것이 더 소중하다. 작은 사물을 통해서 세상의 큰 이치를 읽고 깨달을 수 있다. 현대 물리학이 발견한 가장 놀라운 혁명은 "부분이 전체를 포함한다."라는 것. 몸을 이루는 6조 개의 세포에도 우주의 섭리가 있다.

미래는 현재에 있다

한 알의 모래알에서 세계를 보고
한 송이 들꽃에서 천국을 본다
이것은 윌리엄 블레이크의 말이다
시인의 통찰력이 놀라울 뿐이다

하나의 세포에 몸 전체의
유전자 정보가 들어 있으니
작은 사물을 통해서도
깨달을 수 있다는 말이다

우리 몸의 세포 하나하나에도
유전자 정보가 들어 있다
현재 속에 과거의 내 모습과
미래의 무한한 시간이 들어 있다

된장국 맛을 알려면
한 숟가락 떠먹어 보면 되듯이
내가 숨 쉬는 한순간에도
영원을 맛볼 수 있다

세상의 모든 지혜 22 무기

말처럼 힘 있는 것도 없고
말처럼 무서운 것도 없다

말은 우리의 생각과 사상을 드러내고 행동에 영향을 미친다. 부정적이고 절망적인 말을 자주 입에 올리면 마음과 행동도 에너지를 잃고 비틀거린다. 긍정적이고 희망적인 말을 자주 하면 에너지가 샘솟는다. 자신과 이웃을 밝고 맑게 물들이는 희망의 말, 신념의 말을 하자. 나약하고 힘없는 말, 누구에게도 보탬이 안 되는 말은 하지 말자. 나를 격려하고 이웃에게도 힘이 되는 말을 하자.

말은 그 사람의 인격이다

그 사람의 말을 들으면
그 사람의 생각을 알 수 있고
그 사람의 생각을 읽으면
그 사람의 자화상을 볼 수 있다

말처럼 힘 있는 것도 없고
말처럼 무서운 것도 없다
할 수 있다는 말은 신념을 만들고
할 수 없다는 말은 패배를 만든다

이제 나약하고 침울한 말
때 묻고 어두운 말은 그만두자
봄날처럼 신선하고 상쾌한 말
태양처럼 밝고 뜨거운 말을 하자

신념의 말과 희망의 말을
내 것으로 만들어야 하리라
말은 그 사람의 인격이다
그 사람의 운명을 나타낸다

세상의 모든 지혜 23 부자

돈이 없어도 잘사는 사람이 많다

윌리엄 포크너는 노벨상을 타면서 "황금이란 좋은 것이다. 그것으로 행복을 살 수 있으니까."라고 했다. 돈은 많은 일을 가능하게 한다. 돈이 많다면 신나지만 위험이 따른다. 성경은 "돈을 사랑함이 일만 악의 뿌리가 된다."라고 경고했다. 복권에 당첨되어 하루아침에 억만장자가 된 사람들이 불행의 늪에 빠졌다는 통계는 무엇을 말하는가. 돈이 많으면 돈의 노예가 되어 사람답게 참된 의미를 추구하는 일은 뒷전으로 밀려난다. 돈이 전부인 양 여기는 금전 만능주의는 사람다움을 상실하게 한다.

마음의 부자가
잘사는 사람이다

돈이 많으면 정말 잘사는 것일까
돈이 많아서 잘사는 사람도 있지만
반대로 불행해지는 사람도 있고
돈이 없어도 잘사는 사람이 많다

절대 빈곤에 허덕이던 시절에는
너도나도 부자 되려고 혈안이었지만
어느새 사회는 금전 만능주의로 치달아
세계가 놀랄 만한 경제 성장을 이루었다

잘사는 것은 돈이 많아서 그렇고
못사는 것은 돈이 없어서 그렇다며
잘사는 것과 못사는 것을
돈의 많고 적음으로 따지던 때였다

그러나 뚜렷한 목표를 향해
마음을 가꾸며 사람답게 사는 사람
이웃과 사회를 함께 생각하는
마음의 부자가 잘사는 사람이다

세상의 모든 지혜 24 방식

사랑과 용기의 양 날개 앞에서는

 사랑하는 남녀 사이에도 사랑의 방식이 필요하다. 고백을 받아들이는 방식도 필요하다. 서로 줄을 잡고 바짝 끌어당겼다가 적당히 느슨하게 하는 시간이 필요하다. 인생을 활기차게 꾸리는 양 날개는 사랑과 용기이다. 사랑이 있으면 표현할 용기도 있어야 한다. 용기가 없는 사랑은 현실화될 에너지가 부족하다. 어머니에게서 배우는 사랑과 아버지에게서 배우는 용기로 무장한다면 우리 인생은 순풍에 돛을 단 것 같으리라. 어느 분야에서든 살아가는 법을 제대로 알고 행해야 실패가 없다.

적군을 아군으로 만들어라

현실이라는 가파른 산맥을 넘고
생활이라는 거친 풍랑을 헤쳐 가려면
사랑이라는 무기와 용기라는 무기
이 두 개의 무기가 있어야 한다

사랑은 미워하는 마음을 누르고
이웃과 세상을 넉넉히 품게 한다
용기는 절망에 빠지지 않도록
목표를 향해 전진하게 한다

사랑을 배우려거든 어머니를 보고
용기를 배우려거든 아버지를 보라
사랑과 용기의 양 날개 앞에서는
격랑의 파도도 두렵지 않다

그러면 고해와도 같은 인생살이에서
만선의 깃발을 높이 펄럭이며
안전한 포구에 닻을 내리는
개선의 기쁨과 영광을 누릴 것이다

세상의 모든 지혜 25 용기

내 안의 적을 이겨야 한다

 세상은 찬바람 부는 거친 들판이다. 나를 지키고 가정을 지키려면 무릎 꿇지 말아야 할 것에 무릎을 꿇기도 한다. 옳다고 생각하는 것도 사람들이 그르다고 하면 신념을 버릴 때가 있다. 치열한 인간 정글에서 때로는 굽히는 것이 생존 방식일 때도 있다. 그래도 용기 있는 자가 되어야 한다. 가장 큰 용기는 내 안의 적을 이기고 나를 일으켜 세우는 것이다.

내 안의 적을 이겨라

신념을 지키기 위해
불의에 무릎 꿇지 않고
맞서 싸우는 것은
참으로 용기 있는 일이다

불의와 부정에 굽히지 않고
들끓는 분노를 억누르고
원수를 용서할 줄 아는 것은
진정 용기 있는 일이다

백 사람이 옳다고 해도
아닌 것은 아니라고
분명히 말하는 것은
무엇보다도 용기 있는 일이다

내 안의 적을 이겨야 한다
절망과 패배 속으로 짓누르는
강력한 거인을 쓰러뜨리고
참된 나를 일으켜 세워야 한다

세상의 모든 지혜 26 시간

시간이 레일이라면
사람은 그 위를 달리는 기차

 시간은 누구에게나 공평하게 주어지지만 쓰는 사람에 따라 길기도 하고 짧기도 하다. 어떤 사람은 금으로 쓰는가 하면, 어떤 사람은 구리로도 못 쓴다. 위인들은 시간 쓰기에 성공한 사람들이다. 짧은 생애를 살았더라도 시간을 가치 있게 사용한 성공한 그들은 영원히 살아 있다. 시간이라는 소중한 사냥감을 놓치지 말자. 일찍 일어나는 새가 먹이를 사냥한다. 주어진 시간을 누가 얼마만큼 유용하게 잘 쓰는가에 따라 성패가 갈린다.

시간의 레일 위를 달려라

시간이 레일이라면
사람은 그 위를 달리는 기차
기차는 레일 위에 서 있기도 하고
천천히 달리거나 빨리 달리기도 한다

같은 시간을 보내면서도
어떤 사람은 많은 일을 하지만
어떤 사람은 적은 일을 하고
어떤 사람은 아무 일도 하지 않는다

돈을 잃는 것은 조금 잃는 것이고
명예를 잃는 것은 많이 잃는 것이고
건강을 잃는 것은 전부 잃는 것이지만
시간을 잃는 것은 죽음을 뜻한다

시간을 물처럼 흘려보내지 말자
둑을 쌓고 담아서 내 것으로 만들자
레일 위에 멈춘 기차가 되지 말고
고속으로 힘차게 달리는 기차가 되자

세상의 모든 지혜 **27** 희망

절망의 높은 벽이 길을 가로막더라도

원자폭탄보다 더 무서운 것은 인간의 가슴속에서 피어나는 절망의 독버섯이다. 이것을 먹고 죽어 가는 사람이 원자 폭탄으로 죽은 사람보다 훨씬 많다. 절망은 사람을 마비시키고 송두리째 파멸시킨다. 절망의 어둠을 이기는 명약은 희망이다. 빛이 있는 곳에 어둠은 설 자리가 없다. 절망의 어둠에 빠질 때는 절망을 붙들고 씨름하지 말고 희망의 등불을 켜라.

절망의 명약은 희망이다

오늘보다 나은 내일을 위해
희망의 나래를 활짝 펴자
고통의 밤에도 별은 빛나고
절망의 심연에서도 산호는 붉다

수렁에서는 몸을 허우적대지 말고
절망에 빠지면 시선을 위로 돌려라
구원의 밧줄은 수렁에서 솟아나지 않고
나를 구할 밧줄은 하늘에서 내려온다

절망으로 목숨을 부지하면서
절망에 사는 자는 살아도 죽은 자
희망으로 목말라하며 애태우다가
희망에 죽는 자는 죽어도 산 자

절망은 가장 위험한 독약이다
절망의 높은 벽이 길을 가로막더라도
절망을 거부하고 힘껏 솟아올라라
하늘을 보고 희망의 노래를 불러라

세상의 모든 지혜 **28** 출발

출정의 북소리를 크게 울리자

과거는 인간의 머릿속에서만 존재할 뿐이다. 과거는 아무 힘이 없다. 그런데도 과거에 발목 잡혀 앞으로 나아가지 못하는 이가 얼마나 많은가. 뒤돌아보지 마라. 과거에 얽매이지 마라. 아무리 쓰라린 과거가 있더라도 신념과 의지로 오늘을 설계하는 사람은 성공의 포구에 이를 수 있다. 과거에 모든 것을 잃었을지라도, 현재가 아무것도 보장해 주지 않을지라도 아무것도 잃을 것 없는 미래가 마련되어 있지 않은가. 새로운 날을 위해 낡은 것을 버리자.

과거를 접고 미래로 향하라

무한히 펼쳐진 미래의 바다를 향해
과거를 접고 항해할 시간이다
현실의 파도가 아무리 험난해도
모험의 항해를 시작하자

흘러간 과거에 대한 아쉬움과
잃어버린 것에 대한 미련과
제자리 맴도는 안일함을 떨치고
미래를 위하여 돛을 높이 올리자

굳은 결전의 의지로
희망의 깃발을 높이 걸고
출정의 북소리를 크게 울리자
미래를 향해 용감하게 도전하자

뒤돌아보는 일은 그만두고
앞을 보고 계속 전진하자
무한히 펼쳐진 가능성의 땅
미래를 향하여 앞으로 나아가자

세상의 모든 지혜 29 향기

꽃에서만 향기가 나는 게 아니다

향기가 나는 사람을 본 적이 있는가. 고상하고 올곧은 정신, 순결한 영혼으로 살아가는 사람에게서는 향기가 난다. 사람으로 태어나 참된 길을 걷는 사람에게서는 꽃보다 아름다운 향기가 난다. 꽃의 향기는 시들 때 함께 사라지지만 사람의 향기는 죽어서도 남는다. 오래도록 역사에 남는다. 거짓과 탐욕으로 가득 찬 사람에게서는 썩은 냄새가 난다. 그런 사람은 삶의 열매를 거두지 못한 것이다.

향기롭게 살아라

꽃에서만 향기가 나는 게 아니다
사람으로서 사람답게 사는 참사람
배운 것이 없어도 제대로 사는
그런 사람에게는 향기가 있다

나보다 남을 먼저 생각하고
나의 작은 이익보다 더불어 살며
큰 이익을 위해 힘쓰는 사람에게는
사시사철 마르지 않는 향기가 있다

거짓과 욕망으로 살아가는 사람
겉은 화려하지만 속은 텅 빈 사람
생김새는 멀쩡해도 생각이 없는 사람
그런 사람에게서는 썩은 냄새가 풍긴다

눈빛에서 얼굴에서 말에서 행동에서
꽃보다 아름답고 별보다 반짝거리며
기분 좋은 향기를 내뿜는 사람은
생의 열매를 풍성하게 거둘 것이다

세상의 모든 지혜 **30** 승리

나와의 싸움에서 이겨야 한다

운동 선수들은 자기와의 싸움이라는 말을 즐겨 사용한다. 사각의 링에서 피투성이가 되어 쓰러져도 다시 일어날 수 있는 것은 자신을 이기는 정신력이 있기 때문이다. 마라톤 선수들의 상대는 앞서 달리거나 뒤에서 쫓아오는 다른 선수가 아니다. 상대는 자신이다. 살면서 우리는 많은 역경을 겪는다. 그런 순간마다 자신과 싸워 이겨야 한다. 나를 이기는 것만이 내가 살아남을 수 있는 유일한 길이기 때문이다.

나를 이겨야 한다

남을 이기려면
먼저 나를 이겨야 한다
적은 밖에 있는 게 아니라
내 안에 숨어 있는 것

이긴다는 마음만 있으면
힘센 적을 쓰러뜨릴 수 있지만
상대가 약한데도 두려워하면
그 싸움에서 지고 만다

나를 이기는 법을 알고
나와의 싸움에서 이겨야 한다
나를 이기는 법을 알지 못하면
기다리는 것은 패배와 절망뿐이다

먼저 나를 이기자
단점을 이기고 약점을 이기자
나를 먼저 이기면
승리는 저절로 따라온다

4부

인내

절대 쓰지 않다

견디기 어려운 일이 닥치고,
넘기 힘든 역경의 파도가
밀어닥칠 때는
가까운 시냇가에라도 나가
둥근 조약돌을 손에 쥐어 볼 일이다.
조약돌 하나에 깃든
세월의 부피를
가만히 가늠해 볼 일이다.
그렇게 단련되면
이 우주를 다스리는
크신 분의 손안에 쥐어질 수 있는
아름다운 조약돌이 될 것이다.

세상의 모든 지혜 31 작품

사람의 생애도 꾸준히 깎고 다듬다 보면

절차탁마(切磋琢磨)라는 말이 있다. 옥석(玉石)을 갈고 닦아서 구슬이나 보배를 만든다는 뜻으로 학문과 덕행을 갈고닦는다는 말이다. 미켈란젤로나 로댕 같은 조각가는 쓸모없는 돌덩이를 갈고닦아서 천년만년 인류의 사랑을 받는 위대한 예술 작품을 낳았다. 인생이라는 것은 과정이다. 모든 경험을 갈고 닦아서 나를 빛내야 한다. 어떤 시련과 아픔이 뒤따르더라도 열심히 다듬어 나간다면 불멸의 작품이 태어날 것이다.

절차탁마의 길을 가라

파리 루브르 박물관의 비너스 상은
평범한 대리석에 불과하지만
오늘도 영원한 미의 여인상으로
세계인들의 사랑을 받는다

석공은 한 덩이의 차고 단단한 돌을
정으로 쪼고 쪼아 불멸의 꽃을 피운다
사람의 생애도 꾸준히 깎고 다듬다 보면
후세에 아름다운 이름을 남기게 되리라

영원히 변하지 않을 나를 깎는 것은
나의 살과 뼈와 마음을 깎는 것
내 마음의 모서리와 군더더기를 깎으면
마침내 남는 것은 나의 참된 모습이다

숱한 고통을 정으로 쪼고 깎으면
거울에 비친 새로운 내 모습은
비너스 상보다 더 아름다우리라
불멸의 아름다움으로 남으리라

세상의 모든 지혜 32 인내

참는 것은 쓰지만 그 열매는 달다

9대가 한집에서 화목하게 살았다. 그 이야기를 들은 왕이 그 집안의 가장인 공예를 불러 비결이 무어냐고 물었다. 그는 "글자로는 쓸 수 있어도 말로는 하지 못하겠습니다."라고 대답했다. 왕이 글자를 써 보라고 하자 그는 '참을 인(忍)' 자를 백 번이나 썼다는 일화가 있다. 백 번 참으면 집안에 화목이 온다는 말은 여기서 유래한다. 인내는 쓰지만 그 열매는 달다고 하지 않던가. 불의에는 용기를 낼 일이다. 분노의 소용돌이를 일으키기보다는 인내로 그 불길을 끄고 지혜와 이성으로 행동할 일이다.

인내를 습관화하라

우리는 순간의 분노를 참지 못해
큰 낭패를 겪는 일이 얼마나 많은가
너도나도 작은 용기를 발휘하자
인내하여 큰 평화를 얻자

살면서 압제와 불의 앞에서
무릎 꿇지 않는 용기는 소중하지만
작은 일마다 분노하는 자들은
큰일을 도모하지 못한다

용기는 전투에 필요한 창칼 같지만
인내는 천군만마와도 같은 것
억울한 일로 분노가 치솟더라도
섣불리 성내지 말 일이다

용기는 한 사람의 적을 무찌르게 해도
인내는 천하를 다스리는 힘을 얻게 한다
분노를 잠재우고 인내의 힘을 기를 때
더 큰 세계가 활짝 펼쳐지리라

세상의 모든 지혜 **33** 파도

세상 풍파가 가져오는 마음의 파도

바다 날씨는 변화무쌍하다. 아침에 활짝 개었다가도 갑자기 구름이 끼고 바람이 불며 폭우가 쏟아진다. 바다만이 아니다. 마음의 바다도 항상 개어 있는 것이 아니라 시시때때로 변화의 물결이 일렁인다. 그러나 태풍이 몰려와도 배를 난파시키지 않는 노련한 선장처럼, 마음의 파도가 일 때 분노를 가라앉히고 용서의 마음으로 슬기롭게 극복해야 한다. 그런 마음에 하늘도 더 많은 햇빛과 잔잔한 바다를 허락할 것이다.

성난 파도를 잠재워라

사람들의 마음에는 바다가 있다
세상 풍파가 가져오는 마음의 파도
그 파도를 잠재우는 힘은
누구도 아닌 자신에게 있다

바람 없이 맑게 갠 날이면
마음의 바다는 잔잔하지만
비바람이 사납게 불면
사납고 거친 파도가 일어난다

마음이 격랑에 휩싸일 때면
미움과 분노의 돛을 내리자
사랑과 용서의 닻을 내릴 때
마음의 파도는 고요해질 것이다

잔잔한 마음의 바다에
희망의 노래를 띄워 보내라
마음의 파도를 잘 다스리면
평화의 꽃이 필 것이다

세상의 모든 지혜 **34** 분노

인내로 분노의 불길을 누르면

일이 뜻대로만 된다면 분노가 일어날 까닭이 없다. 늘 봄날 같이 따뜻한 것이 아니다. 살다 보면 눈보라 치는 겨울이 온다. 억울한 일을 당하고 상처를 입힌 적들에 대한 분노가 시시각각 에워싼다. 분노를 일으키는 악순환의 고리가 이어진다. 분노를 억누르고 용서하기가 어렵다. 인내만이 약이다. 인내로 분노의 불길을 잠재우고 용서를 실천하자. 분노를 폭발하면 우선은 시원할지 모르지만 두고두고 부작용에 시달려야 한다.

마음을 인내로 봉하라

활화산처럼 솟구치는
분노의 불길을 억누르고
나에게 상처 입힌 사람들에게
용서를 베푸는 일은 힘들다

억울한 일을 당하기도 하고
짓밟히고 속고 상처를 받는다
그럴 때마다 용서보다 먼저
분노의 거센 불길을 만난다

인내를 뚫고 분노가 터지면
또 다른 앙갚음을 낳아
다시 나에게 돌아오므로
그 마음을 인내로 봉하라

인내로 분노의 불길을 누르면
인내는 용서를 낳는다
용서는 사랑을 낳고
사랑은 영혼을 성숙시킨다

세상의 모든 지혜 35 성공

쓰러졌다는 건 일어날 수 있다는 것

사각의 링 위에서 쓰러져 보지 않고는 챔피언이 될 수 없다. 칠전팔기(七顚八起), 백절불굴(百折不屈)이라는 말이 왜 있는가. 일곱 번 넘어져도 여덟 번 일어나고, 백 번 넘어져도 백한 번 일어나는 것이야말로 영광스러운 성공이다. 무쇠가 보검이 되기 위해서는 불과 물을 수없이 넘나들며 담금질해야 한다. 사람도 고난과 역경을 극복하면 할수록 세상을 헤쳐 나갈 힘을 얻는다. 실패를 두려워하지 않고 우뚝 서게 된다. 실패와 시련은 영광스러운 성공을 위한 담금질이라고 생각하자.

인생은 끝없는 도전이다

무쇠는 불과 물 사이를 오가며
담금질할수록 강철이 된다
더 많이 두들길 때마다
보검으로 태어난다

인생은 끝없는 도전이다
일시적인 작은 성취가 아니라
값진 성공의 밑거름을 위해
실패하고 또 실패하라

단 한 번의 도전으로
목적을 이루고 꿈을 성취한다면
보람 있는 일이 아니다
값진 성공이 아니다

쓰러지는 것을 두려워 마라
쓰러졌다는 건 일어날 수 있다는 것
한번 쓰러지고 일어날 때마다
정신과 육체는 더욱 힘을 얻으리라

세상의 모든 지혜 36 항해

희망의 등대를 향해 가야 한다

인생은 항해라고 한다. 사업이나 어떤 일을 시작할 때 출범이라고 하는 것도 그 때문이다. 바다에 배를 띄우는 것은 가슴 설레는 일이다. 그러나 목적지에 닿으려면 파도, 안개, 암초, 폭풍우를 지나야 한다. 항해 도중 바다는 때로는 괴물 같은 거대한 몸을 뒤척일지도 모른다. 우리는 망망대해에 떠 있는 작은 나뭇잎이 되어 산 같은 파도를 넘어야 한다. 희망의 등대를 향해 가야 한다. 쓰러지지 않는 강인한 정신력으로 파도와 싸워야 한다. 계속 노를 저어 파도를 넘어야 안전한 포구에 이를 수 있다.

희망의 등대를 찾아라

크고 튼튼한 호화 여객선도
드넓은 바다 위에서는
한 장의 나뭇잎이거나
부스러지는 한 조각 비스킷일까

세상이라는 널따란 바다
시간이라는 광활한 바다 위에서
나란 존재로 내가 살아가는 것은
나뭇잎이거나 비스킷 같은 것

별조차 빛을 잃어 어두운 밤바다에서
한입에 삼킬 듯 밀려오는 태풍과
곳곳에 도사리고 있는 암초들
해빙기에 떠내려오는 거대한 빙산

표류하지 않고 난파당하지 않기 위해
내가 할 수 있는 일은 노를 젓는 일
마음속에 숨은 구명대를 꺼내 입고
희망의 등대를 향해 가야 한다

세상의 모든 지혜 **37** 싸움

가장 힘든 싸움은 누구도 아닌 나와의 싸움이다

우리네 삶의 무대는 놀이동산이 아니다. 살이 찢기고 피가 튀는, 삶과 죽음이 한순간에 결정되는 치열한 전쟁터이다. 누구와 싸우는가. 가장 큰 적은 바깥이 아닌 자신의 내부에 있다. 치솟는 욕망과 감정을 어떻게 다스릴 것인가. 온갖 유혹을 어떻게 물리칠 것인가. 수많은 선택의 갈림길에서 이 싸움이야말로 치열하다. 마음을 다스려 자신을 이기는 자는 난공불락의 성을 빼앗는 것보다 더 큰 쟁취를 한 사람이다.

나와의 싸움에서
이겨야 한다

인생이라는 무대에서는
날마다 치열한 싸움이 벌어진다
이 전쟁터에서 가장 힘든 싸움은
누구도 아닌 나와의 싸움이다

우리는 세상을 살아가면서
끓어오르는 혈기를 가라앉히고
순간의 욕망과 치솟는 감정을
억제해야 할 때가 수없이 많다

나와의 싸움에서 패배하면
싸움터의 방어선이 무너지고
내 안의 전열이 무너져서
고지 탈환의 목표는 더 멀어진다

누구든 이 인생 무대에서
모든 싸움을 그만두고
물러서고 싶을 때가 있을지라도
내면의 적을 용감히 물리쳐야 한다

세상의 모든 지혜 38 방법

깃털 같은 생각에 날개를 달고 날아오를 일이다

삶은 무거운 짐을 지고 가는 여행길인지도 모른다. 옛사람들은 인생을 기려(羈旅)라고 했다. 멍에를 멘 채 수레 가득 짐을 싣고 먼 길 가는 소나 말에 비유한 것이다. 현대인의 가장 흔한 질병인 스트레스도 인생의 무거운 짐에서 생겨난다. 현대인들은 아픈 사람이 많다. 너무 많은 시달림과 억눌림으로 온갖 마음의 병을 얻은 것이다. 그러나 어차피 짊어져야 할 마음의 멍에라면 무겁다고 불평하기보다는 즐겁게 지는 방법을 궁리해 보자. 마음먹기 나름이다. 무거워도 가볍다는 마음으로 살면 산책하듯 즐겁게 살 수 있다.

새처럼 자유롭게
날아올라라

하루하루 어깨를 짓누르는
짐을 지고 살다 보면
피곤과 고통이 켜켜이 쌓이고
절망과 좌절이 뼛속 깊이 파고든다

눈에 보이지 않는 짐을 지고
어깨가 무겁다고 하지만
일상의 짐은 어깨에 있지 않고
마음속에 있다는 것을 알아야 한다

주어진 짐이 너무 무겁다지만
그 짐을 무겁다고 생각하지 마라
흔들림 없는 긍정적인 마음으로
마음의 짐을 털어 내야 한다

이제부터라도 깃털 같은 생각에
날개를 달고 날아오를 일이다
새처럼 자유롭게 날아오르자
더 높이 훨훨 날아오르자

세상의 모든 지혜 **39** 침묵

미움과 시기와 교만을 하얗게 덮을 수는 없을까

눈은 그 희고 깨끗한 빛으로 지상의 온갖 더러움을 덮는다. 치욕스러운 패배를 앙갚음한다는 설욕도 바로 그것이다. 같은 산이지만 눈 덮인 겨울 산은 한결 신성해 보인다. 들끓는 갈등과 분노를 모두 용서하는 성자의 모습이다. 눈 쌓인 겨울 산처럼 마음의 더러운 것들도 하얗게 덮자. 순수하고 깨끗한 마음으로 정결하게 살자. 눈 쌓인 겨울 산을 바라보면서 성급하게 튀어나가려던 마음을 닦자. 흐린 마음의 창을 닦자.

마음에도 눈이 내린다

하늘에서 쉬지 않고 눈이 내렸다
그치지 않고 엄청나게 내렸다
산도 집도 하얗게 덮어 버렸다
눈 덮인 산을 바라보느라 바빴다

가까운 북한산도 흰옷을 입었다
멀리 관악산도 더 높이 솟았다
이국의 정서를 불러일으켰다
북극에 온 듯 서울이 낯설었다

우수도 가까웠으니
머지않아 저 산들은
봄꽃으로 물들겠지 하며
흐려진 마음을 닦는다

마음에도 눈이 내릴까
하얀 눈이 펑펑 내려
미움과 시기와 교만을
하얗게 덮을 수는 없을까

세상의 모든 지혜 40 준비

새로운 도약을 위한 휴식

2보 전진을 위한 1보 후퇴란 말이 있다. 나무, 물고기, 산짐승 등 살아 숨 쉬는 모든 것은 잠을 잔다. 개구리, 뱀, 곰과 같은 동물은 겨우내 잠을 잔다. 그런 동물에게 잠은 죽음의 시간이 아니다. 정지가 아닌 재충전의 시간이다. 더욱 힘찬 약동을 위한 준비 기간이다. 사람도 잠자듯 침묵해야만 하는 고통과 역경이 있다. 그럴 때 절망하지 말고 침묵하며 내일의 꿈을 키워야 한다.

내일을 위해 잠을 자라

겨우내 눈바람에 꽁꽁 얼어붙어
죽은 듯 서 있던 나무들이
언제 저 많은 꽃을 준비했는지
봄이 되자 다투어 피어난다

나무들은 동면한 게 아니라
새로운 도약을 위한 휴식이었다
얼어붙은 땅속 깊은 뿌리에서
끊임없이 꽃을 만들고 있었다

혹독하고 차가운 바람 속에서
나무들이 겨우내 죽지 않고
저리 눈부신 꽃을 피워 내듯
절망의 추운 시절을 견뎌 내자

고통과 역경 속에서도
잠자듯 조용히 꿈을 키우자
내일을 위한 희망으로
미래를 위한 꿈을 꾸자

5부

나를 넘어서서
전체의 그림을 그려라

사람들은 자신이 만든
감옥에 갇혀 산다.
생각의 감옥에 갇혀
자신을 괴롭힐 때가 많다.
욕심으로 둘레에
울타리를 쌓으면
다른 사람이 보이지 않고
세상이 보이지 않는다.
어디로 나아가야 할지
길이 보이지 않는다.
마음의 벽을 허물고 넘어서야
전체의 그림을 그릴 수 있다.

세상의 모든 지혜 41 탈출

자유를 향한 필사적인 외침으로

절해고도의 감옥이 따로 있는 게 아니다. 마음의 문을 닫은 채 꿈을 잃고 고정 관념과 관습의 쇠창살에 갇혀 살면 그곳이 감옥이다. 그런 감옥으로부터 탈출을 꿈꾸면서도 감히 시도조차 못 한다. 자유에 대한 갈망도 없이 인생을 허비한다. 감옥을 탈출하여 자유를 찾아야 한다. 자유는 온몸을 던져 쟁취할 때 내 것이 될 수 있다. 죽음을 무릅쓰고 바다에 몸을 던지는 빠삐용의 즉사필생(卽死必生) 정신으로 몸을 던질 때이다. 자유의 푸른 바다에 몸을 던진 그의 외침이 들리는 것 같다.

자유의 바다에
몸을 던져라

남미 프랑스령 기아나의 외딴섬
상어 떼가 득실대는 이 악마의 섬
깎아지른 듯한 아찔한 벼랑에서
바다로 몸을 던지는 사람이 있었다

자유를 향한 필사적인 외침으로
야자 열매를 채운 자루와 함께
바다로 뛰어든 빠삐용은
출렁이는 파도에 실려 멀어져 간다

자유는 죽음보다 강하다지만
아무도 얽어매지 않는데도
고정과 관습의 외딴섬에 갇혀
자유에의 도전을 포기하는 이가 있다

자유가 실종된 회색 도시에 살면서
저 망망한 자유의 바다에
아직도 몸을 던지지 못하는가
이 시대의 빠삐용이 될 수는 없는가

세상의 모든 지혜 ## 42 마음

마음을 열면 하늘이 열린다

모든 것은 마음이다. 마음의 문을 닫고 인생을 어둡게 보는 사람에게는 모든 것이 부정적으로 보인다. 밝게 보는 사람에게는 모든 것이 긍정적으로 보인다. 밝은 태양을 맞아들이려면 마음의 문을 활짝 열어야 한다. 마음의 문이 열리면 이웃도 세계도 역사도 하늘도 활짝 열린다. 마음이 통하는 것보다 더 큰 기쁨이 어디 있을까. 피가 잘 통해야 건강하다. 가정에서나 사회에서 만나는 이들과 마음이 잘 통하는 사람이 건강하다. 마음의 문을 닫으면 기쁨을 맛볼 수 없다.

마음의 문을 열어라

마음을 열면 어느새
이웃과 세계가 열린다
마음을 닫으면 어느새
이웃과 세계가 닫힌다

마음을 열면 열린다
역사와 하늘이 열린다
마음을 닫으면 닫힌다
역사와 하늘이 닫힌다

이웃과 세계를 열지 마라
닫힌 시선을 먼저 열어라
역사와 하늘을 열지 마라
닫힌 마음을 먼저 열어라

하늘 기운을 맞아들이자
신선한 바람과 햇빛을 차단한
마음의 문을 활짝 열어
이웃과 세계를 맞아들이자

세상의 모든 지혜 # 43 표현

말은 생각의 나무에 피는 꽃이다

알맹이 빠진 겉치레 말이 오간다. 사탕발림 같은 말이 떠다닌다. 이기심을 앞세운 포장된 말이 난무한다. 과장된 말, 헛된 말, 구부러진 말이 진실을 가린다. 진실한 말을 만나기가 왜 이리 어려운가. 가슴 깊은 곳으로 숨어 중무장한 갑옷을 뚫고 나와야 한다. 실천이 따르지 않는 말, 진심이 담기지 않은 공허한 말은 자신뿐만 아니라 사회를 해친다. "말에 실수가 없는 자가 온전한 사람"이라고 성경은 말한다. "잘못된 혀는 지옥 불에서 나는 것으로 삶의 수레바퀴를 불사른다."라고 경고한다. 진실한 말은 사람의 마음을 움직이고 사회를 변화시킨다.

자신 있게 말하라

온갖 화려한 말로
풍성한 잔칫상을 차려도
생각 없이 내뱉는 말은
한 그릇 냉수보다 못하다

말을 잘하는 사람은
말을 많이 하는 게 아니라
많이 생각하고 적게 말하는 것
말은 생각의 나무에 피는 꽃이다

생각이 들어 있지 않은 말은
사람을 움직이지 못하므로
말하기 전에 먼저 생각해야 한다
말은 생각과 인격의 거울이다

사람을 찌르고 사나운 불길이 되는
생각 없는 말은 모든 걸 태운다
한 마디 말을 하기 위해서는
백번 생각하고 생각해야 한다

세상의 모든 지혜 44 위력

무심코 내뱉은 한 마디 말은

한 마디 말로 결혼, 이혼, 성공, 실패, 전쟁도 한다. 한 마디 말은 정말 중요하다. 행복한 미소를 짓게 하지만 불행의 씨앗이 되기도 한다. 한 마디 말은 얼핏 보기에는 아무것도 아닌 것처럼 보인다. 스쳐 지나가는 바람처럼 무의미하게 여겨진다. 그러나 어릴 때 책에서 읽은 한 마디의 말이 진로를 바꾸기도 한다. 절망에 빠질 때 친구의 따뜻한 위로 한 마디가 새 삶을 시작하는 힘이 되기도 한다. 백 번 생각하고 한 번 말하라고 한다. 잘못 날아간 말은 주워 담을 수 없다.

생각하고 말하라

무심코 내뱉은 한 마디 말은
행복한 미소를 짓게 하지만
불행의 씨앗이 되기도 하고
상처를 주는 독화살이 된다

나쁘다는 말을 하기 전에
좋다는 말을 내보내자
절망보다는 희망을 말하고
증오보다는 용서를 말하자

행복과 희망의 씨앗을 뿌리는
한 마디 말을 건네며
매사에 긍정적으로 바라보자
비난하지 말고 칭찬하자

할 수 없다는 말보다는
할 수 있다는 말을 하자
못 한다는 말보다는
잘한다는 말을 하자

세상의 모든 지혜 45 개혁

바꾸지 않고는 살아남기 어렵다

개혁의 바람은 쉬지 않고 분다. 특히 선거철이 되면 바꿔, 바꿔가 온통 판을 친다. 무엇을 어떻게 바꿀까. 나도 한번 바꿔 볼까. 아니, 나부터 바뀌어야 한다. 나를 바꾸지 않고 누구를 바꾸는가. 정치, 종교, 산업에서 인류 역사는 끝없는 개혁을 한다. 개혁의 대상은 아직 남아 있고 앞으로도 여전할 것이다. 정치, 법, 경제, 문화, 기업, 스포츠 등 잘못된 것을 고치는 개혁은 언제든 필요하다.

나부터 바뀌어야 한다

급박한 개혁의 흐름 속에서
구조 조정의 홍수 속에서
바꾸지 않고는 살아남기 어렵다
그래서 모두 바꾸자고 한다

나의 욕망과 나의 이기심
나의 타성과 나의 안일
나의 고집과 나의 게으름부터
모두 버려야 깨끗해진다

쓰레기 분류 수거하듯
하나하나 정리하여 버리고
새롭게 태어나야 한다
변화된 나로 살아가야 한다

나를 개혁하지 않고
남을 어떻게 개혁할까
나부터 먼저 개혁해야 한다
새롭게 태어나야 한다

세상의 모든 지혜 ## 46 높이

오늘의 나를 비추는 거울을 보자

참나무는 도토리 속에서 잠자고, 새는 알 속에서 날개를 활짝 펴서 창공을 날 꿈을 꾼다. 꿈을 이루기 위해 땀을 흘리고 시간을 바치는 것은 참으로 보람된 일이다. 그런데도 사람들은 꿈을 쫓아가기보다는 욕망을 쫓아간다. 꿈은 인간으로서의 이상을 실현하기 위한 것이지만 욕망은 본능을 채우기 위한 것이다. 무엇을 위해서 살고 있는가. 욕망을 위해서인가. 꿈을 위해서인가. 영혼의 눈높이에서 정직하게 자기를 거울에 비추어 볼 일이다.

자신을 거울에
비추어 보라

인간의 비극은 자신의 능력보다
더 큰 욕망을 갖는 데서 비롯된다
허영과 환상의 노예로 살다 보면
나를 무너뜨리고 사회를 해치게 된다

허영과 욕심은 모두 버리고
내가 이룰 수 있는 것만큼
내가 행복할 수 있는 것만큼
최선을 다해 땀을 흘리자

신기루를 좇아 허우적거리지 말고
올바른 영혼의 눈높이로 바라보자
거울 앞에 앉아 영혼의 눈을 닦고
나를 바라보고 세상을 바라보자

내 영혼의 눈을 크게 뜨고
오늘의 나를 비추는 거울을 보자
내 영혼의 귀를 활짝 열고
들리지 않는 소리에 귀를 기울이자

세상의 모든 지혜 ## 47 신뢰

무엇을 팔까 강요하기보다는

1960년대 산업 사회에 들어서면서 우리 사회는 많은 세일즈맨을 양산하였다. 기업은 제품을 생산하고, 판매자는 그것을 팔아야 한다. 그러나 그 제품의 장점을 널리 알리는 광고비를 쓰지 않으면 창고에 쌓여 먼지를 뒤집어쓸 뿐이다. 그렇게 세일즈맨으로 출발하여 굴지의 기업을 일군 기업인도 많다. 세일즈맨들의 성공 비결은 무엇일까. 첫째 신뢰, 둘째 성실, 셋째 정직이다. 세 가지 덕목이지만 사실은 하나이다. 그것은 자신을 속이지 않는 것이다.

나부터 팔아라

기업의 영업 사원은
판매 실적이 높아야 한다
국경도 없고 총소리도 없는
그것은 경제 전쟁이다

아무리 좋은 제품이라도
어떻게 팔까 고심하기보다는
무엇을 팔까 강요하기보다는
구매 욕구를 자극해야 한다

유능한 사람은 상품을 팔기 전에
자신을 성실하게 팔아야 한다
신뢰와 정직과 예의를 갖추어
고객의 마음을 움직여야 한다

가식 없는 자신을 내보이며
상품을 자신 있게 설명하면
고객은 믿고 물건을 사게 된다
그러면 최고의 세일즈맨이 된다

세상의 모든 지혜 # 48 우뇌

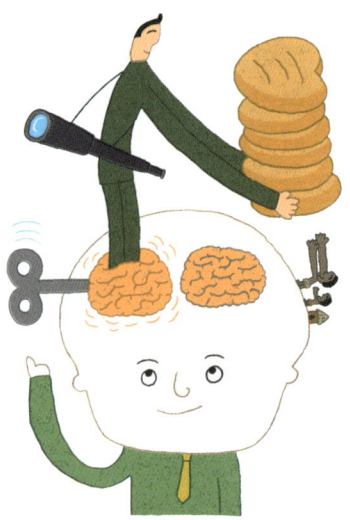

적극적으로 망원경 같은 우뇌를 활용하자

우리는 순간과 영원 사이에서, 찰나와 영겁 사이에서도 자신의 존재를 찾으려고 한다. 삶은 아주 복잡하지만 어쩌면 간단한 수학 공식 같을지도 모른다. 인간의 좌뇌가 현미경이라면 우뇌는 망원경에 비유될 수 있다고 한다. 좌뇌를 자주 쓰는 사람은 작은 이익과 손실에 집착한다. 우뇌를 활용하면 먼 미래를 내다보기 때문에 당장의 손실에 연연해하지 않는다. 우뇌의 잠재력은 좌뇌의 10만 배라고 한다. 우뇌를 활용하여 큰 그림을 그리며 가치 있게 살라는 뜻이다.

우뇌 사랑의 전도사가 되라

기쁨과 슬픔 사이에서 만나고 헤어지고
삶과 죽음 사이에서 길을 묻는 사람들
먹고 마시는 문제로 한목숨 부지하려고
부귀를 탐내고 싸움판을 만드는 사람들

삶의 현장에서 나만의 모래성을 쌓기보다
더불어 사는 평화의 성을 세우려 한다면
현실을 절망하기보다 영원한 걸 염원하며
새롭게 태어나게 하는 혁명이 필요하다

무엇을 먹고 무엇을 입을까 염려하는 좌뇌
무엇을 준비하고 어떻게 할까 하는 우뇌
소극적으로 현미경 같은 좌뇌를 쓰기보다
적극적으로 망원경 같은 우뇌를 활용하자

육신을 배부르게 하는 욕심의 빵보다
이웃과 더불어 사는 평화의 빵을 구하고
나누며 행복해지고 베풀며 부유해지는
우뇌 사랑의 전도사가 되어야 할 것이다

세상의 모든 지혜 　49　기로

남의 눈치 보면서 주저하면

이해타산에만 밝은 사람들은 언제나 어느 길을 택할까 망설인다. 진리냐, 거짓이냐. 성공이냐, 실패냐. 사느냐, 죽느냐의 갈림길이다. 그러나 나를 던지는 진정한 용기의 길을 걸어야 한다. 옳은 것을 위해, 더 큰 나를 위해 죽어야 사는 역설(逆說)의 지혜를 현실의 싸움터에서 용감하게 쓸 일이다. 진정한 용기는 나를 버리는 것이다. 나를 위해 버리는 게 아니라 더 큰 것을 위해 나를 버리는 것이다. 작은 내가 죽어야 큰 내가 산다. 선택의 갈림길에서 망설이지 말아야 한다. 더 큰 나를 위해 용기 있게 나를 던져 승부를 걸어야 한다.

진정한 용기는
나를 버리는 것이다

죽기로 마음먹으면 반드시 살고
살기로 마음먹으면 반드시 죽는다
두려워하지 않고 목숨을 바친
충무공 이순신의 정신이다

성인과 위인들은 갔어도
그 정신은 죽지 않았다
우리에게 죽어야 사는
진정한 용기를 일깨워 준다

자신의 이익을 위해 일하면
진정한 용기가 아니다
치밀한 계산으로 행동하면
진정한 용기가 아니다

남의 눈치 보면서 주저하면
진정한 용기가 아니다
아무나 하는 일을 따라하면
진정한 용기가 아니다

세상의 모든 지혜 50 역사

역사 속에서 배우지 못하면

광의(廣義)의 역사만이 역사가 아니다. 몇만 년 전 지상에서는 무슨 일이 있었나. 현대에는 어떤 일이 벌어지고 있나. 영화 「주라기 공원」은 지상에서 사라진 공룡을 부활시켜 황금알을 낳았다. 영화 「타이타닉」은 빙산에 부딪쳐 바닷속에 가라앉은 호화 여객선 타이타닉을 시간의 지층을 뚫고 건져 올려 세계 시장을 휩쓸었다. 「허준」, 「대장금」, 「해신」, 「주몽」 등 우리 시대의 텔레비전에서도 역사 드라마가 어설픈 멜로드라마를 제치고 시청자들의 눈과 귀를 사로잡았다.

역사의 수레바퀴를 돌려라

역사의 수레바퀴 속에서
지나간 어제의 시간 속에서
나아갈 이정표를 찾지 못하면
나의 미래는 발전이 없다

우리는 왜 역사를 읽고
역사 속에서 배우려고 하는가
거기서 오늘을 사는 지혜를 배우고
내일로 가는 길을 찾기 때문이다

배워야 할 것을 배우지 않으면
나의 오늘은 발전이 없다
때로는 부끄러운 역사에서
더 많은 교훈을 배울 수도 있다

우리는 역사를 알아야 한다
역사 속에서 배우지 못하면
오늘을 살아갈 지혜가 없으며
내일로 향하는 길을 찾지 못한다

6부

의지

일어서라고 부추겨라

우리 안에는 무한히
아름다운 별들이 산다.
자신이 가리고 있어서
그 별들이 빛나지
못하는 것뿐이다.
자신을 낮추어 보지 말자.
쓰러지고 또 쓰러져도
다시 일어서자.
우리 안에는
아름다운 별들이 살고 있다.
이대로 갈 수는 없지 않은가.
자신을 일으켜 세우고
마음을 활짝 열자.

세상의 모든 지혜 51 비상

갈매기는 높이 날수록 멀리 보고

꿈은 저 높은 하늘에 있다. 저 너른 바다에 있다. 저 푸른 하늘을 더 높이, 더 멀리 날 수 있는 나를 이 땅에 묶어 둔 것은 아닌지. 이제부터라도 눈을 들어 힘찬 날갯짓을 위해 하늘과 바다를 바라보자. 드넓은 꿈과 이상을 좇아 비상의 날갯짓을 해야 한다. 눈이 머무는 곳에 꿈이 있다. 눈앞의 작은 이익과 욕망에 눈이 멀어 썩은 생선이나 뒤지고 있어서는 안 된다. 절망과 좌절을 딛고 일어나야 한다.

더 높이 더 멀리 보아라

넓고 먼 바다를 훨훨 날며
날갯짓을 하는 갈매기의 꿈은
어시장 썩은 생선에 있지 않고
더 높고 더 아득한 하늘에 있다

갈매기는 높이 날수록 멀리 보고
살아 있는 바다를 마음껏 누린다
사람에게도 날아오를 하늘이 있고
건너야 할 너른 바다가 있다

우리의 꿈은 어디에 있는가
저 끝없이 높은 하늘과
저 너른 바다를 바라보며
꿈을 향해 날개를 활짝 펴라

품었던 꿈을 움켜쥐고
더 높이 더 멀리
새로운 비상의 날개를
힘차게 퍼덕이며 날아가라

세상의 모든 지혜 # 52 자신

흔들리지 않는 자신감이 있을 때

중국 기(杞)나라의 어떤 이는 하늘이 무너진다고 걱정하면서 침식을 전폐했다. 오죽하면 기우라며 하늘이 무너질까 걱정했을까. 무너지지 않는 하늘을 걱정하지 마라. 하늘이 무너져도 솟아날 구멍이 있다는 말은 우리 선인들의 지혜였다. 아무리 큰 재난에도 희망을 잃지 않고 슬기와 용기로 맞서면 얼마든지 극복할 수 있다. 욕심이 많은 사람일수록, 많이 가진 사람일수록 절망이 커진다. 하지만 자신감이 있으면 다시 일어날 수 있다. 사막에 떨어져도 아이스크림을 만들 수 있다는 자신감이라면 두려울 게 없다.

하늘은 무너지지 않는다

사서 고생이라는 말이 있듯이
날마다 걱정하는 사람들이 많다
무엇이 우리를 불안하게 하고
무엇이 우리를 걱정하게 하는가

배가 고프면 고파서 걱정
배가 부르면 불러서 걱정
심지어 걱정할 것이 없어서
걱정하는 사람도 있다

누군가가 내 재물을 탐내고
내 지위와 내 자유를 빼앗고
내 행복을 깨뜨릴 것 같은가
그게 불안하여 걱정하는가

하늘은 무너지지 않는다
흔들리지 않는 자신감이 있을 때
걱정과 불안은 내 마음속에
절대로 발을 붙이지 못한다

세상의 모든 지혜 53 겸손

**높아지려면 더욱 낮아지고
낮춤으로써 더욱 높아지리라**

손바닥으로 하늘을 가리면서도 하늘 넓은 줄 모르고 자기만 옳다고 주장하는 사람들이 있다. 권력이나 이익 앞에 비굴해지는 그 어리석음이 한눈에 들어온다. 광대무변한 우주를 생각하면 겸손해져야 한다. 그러나 무작정 자신을 낮추는 것만이 미덕이 아니다. 인간의 성품 중에 가장 뿌리 깊은 것은 교만이다. 분수를 알고 행한다면 낮은 자리에 있거나 낮추어 행동한다고 해서 낮아지는 게 아니다. 높아지려고 하면 낮아지는 이치가 여기에 있다.

높아지려면
더욱 낮아져라

산은 높을수록 골이 낮고
벼는 익을수록 고개를 숙이듯
높아지려면 더욱 낮아지고
낮춤으로써 더욱 높아지리라

우주에 한 개의 점으로도
찍히지 않을 인간의 존재
자랑하고 내세울 게 없으니
나를 더욱 낮추어야 한다

자신을 높이는 오만은
추락으로 가는 지름길이다
자신을 낮추는 겸손은
높은 위치로 끌어올려 준다

오만으로 남의 단점을 들추기보다
겸손으로 남의 장점을 먼저 보고
매사에 배우는 자세로 임하면
사람들이 우러러볼 것이다

세상의 모든 지혜 ## 54 수면

잠은 내일을 위한 재충전이다

충분한 수면은 피부 건강과 밀접한 관계가 있다. 수면은 피부에 영양과 산소를 공급한다. 피부 조직을 회복시킬 뿐만 아니라 심신의 피로 회복에 절대적으로 필요하다. 사람은 생의 6분의 1을 잠자면서 보낸다. 그 시간은 낭비가 아니다. 잠을 자지 않으면 살아갈 수가 없다. 잠으로부터 생명이 솟고 생각이 솟는다. 그러니 기꺼이 잠을 맞아라. 마음을 평화로이 하고 깊은 잠을 자라.

숙면을 취하라

살아 있는 것들은 잠을 잔다
하늘의 날짐승도 땅의 들짐승도
만물의 영장인 사람도 잠을 잔다
잠은 내일을 위한 재충전이다

어떻게 해야 잘 잘 수 있을까
새로운 날을 맞이하기 위해
더 깊고 맑은 생각을 하기 위해
잠들기 전에 근심을 털어 내야 한다

좋은 생각만 하기에도 바쁘다
내 안에 도사린 근심을 내려놓아야
마음의 평안을 얻을 수 있다
그래야 두 다리 뻗고 잘 수 있다

오늘도 나는 잠의 두레박을 내린다
나무뿌리가 물줄기를 찾듯이
소리 없이 아주 멀리
잠의 뿌리를 고요히 내린다

세상의 모든 지혜 55 등산

산에 오르는 일도 어렵지만
산에서 내려오는 일은 더욱 어렵다

산에서 내려오는 것은 오르는 것에 비하면 문제될 것이 없다고 생각하지만 그렇지 않다. 내려오는 길에 조난이 더 많다. 높이 오를수록 추락의 위험은 더 커진다. 인생의 등반도 다르지 않다. 정상에 오른 기쁨에 취하여 발을 헛디뎌 추락할 때가 많다. 어렵게 쌓은 공든 탑을 한 번의 실수로 물거품처럼 무너뜨리는 것은 욕망이라는 걸림돌에 넘어지기 때문이다. 산에 오를 때는 내려갈 때를 생각하자.

산에서 내려올 때를 걱정하라

올랐다가 다시 내려올 산을
왜 숨이 턱에 차게 오르느냐고
산을 모르는 사람들은 묻지만
올라가 보지 않고는 모른다

산을 조금 아는 사람들은
과정이 없는 결과가 없듯이
정상에 올라가 보지 않고는
왜 올라야 하는지 모른다고 한다

높은 자리에 올라 기고만장하다가
하루아침에 추락하는 사람들처럼
눈 덮인 산에 오른 후 하산하다가
조난한 사람들이 적지 않다

산에 오르는 일도 어렵지만
산에서 내려오는 일은 더욱 어렵다
오를 때는 내려올 때를 생각하듯
공들인 명성이 무너지지 않게 하자

세상의 모든 지혜 **56** 정열

날마다 뜨는 태양은
날마다 새로운 하루를 연다

인생을 의미 없이 사는 사람에게는 어제와 오늘의 차이가 별반 없다. 어제가 오늘 같고 오늘이 내일 같다. 그러나 하루를 소중히 살아가는 사람에게는 매일 새로운 도전이고 기회이며 희망이다. 태양은 날마다 뜨지만 오늘의 태양이 내일 그대로 뜨는 것은 아니다. 오늘은 오늘이고 내일은 내일이다. 날마다 새로운 태양이다. 내일은 또 내일의 태양이 있다. 오늘의 태양에 오늘을 바쳐야 한다. 최선을 다해 살아가야 한다.

태양은 날마다 뜬다

태양은 날마다 뜨지만
어제와 내일이 다르듯
어제는 오늘이 아니고
오늘 또한 내일이 아니다

날마다 뜨는 태양은
날마다 새로운 하루를 연다
오늘 하루를 새롭게 사는 것은
또 다른 내일을 준비하는 것

흘러간 물은 돌아오지 않고
흘러간 시간도 되돌릴 수 없다
지나간 어제는 잊어버리고
다가올 미래를 두려워 말자

날마다 새로운 꿈과 희망으로
새로운 오늘의 태양을 띄우자
새롭게 떠오른 그 태양을
빛나고 아름답게 가꾸자

세상의 모든 지혜 57 시련

인생에 패배란 없다고 믿어라

세찬 물살을 거슬러 올라가는 연어 떼, 거친 들판을 가로질러 내달리는 무소 떼를 본 적이 있는가. 약동하는 생명력을 보았는가. 인생길은 세찬 물살, 거친 들판과도 같다. 힘들어 자주 지치는 것은 당연하다. 시련에 휘둘려 만신창이가 되면 모든 것을 포기하고 주저앉고 싶은 마음이 밀려들 때가 많다. 그러나 시련에 빠지지 마라. 생각만으로도 헤어날 수 없게 만든다. 시련의 가능성에 마음을 내주지 마라. 돌아보지 말고 내일에의 확신으로 내달려라.

시련을 뛰어넘어라

세찬 물살 거슬러 오르는 연어 떼처럼
거친 들판 내달리는 무소 떼처럼
거침없이 당당하게 살아가라
인생에 패배란 없다고 믿어라

어떤 높은 절벽 앞에서도
아무리 크나큰 장애물 앞에서도
패배자나 낙오자란 이름으로
무릎 꿇을 수 없다고 결심하라

시련의 불화살을 맞더라도
좌절의 위기를 당하더라도
인내의 쓰디쓴 강을 건너더라도
돌아보지 말고 앞으로 나아가라

승리의 고지가 바로 저기인데
좌절할 수 없으니 어서 일어나라
승리의 깃발을 굳게 부여잡고
인생의 고지에 그 깃발을 꽂아라

세상의 모든 지혜 ## 58 위기

더 큰 성공을 위한 시련은
승리를 위해 뛰어넘어야 한다

눈부시게 변화하는 이 디지털 시대에 사는 사람들은 더 큰 성공을 위한 좌절이 필요하다. 그러나 위기를 일부러 만들 필요는 없다. 날씨가 항상 맑기만 하면 토지는 사막으로 변하지 않던가. 살아가면서 뜻하지 않은 폭풍우를 만나기도 하지만, 이 돌발 사태에 쉽게 무너지지 말아야 한다. 좌절은 기회이자 희망이다. 과감히 돌파하여 더 큰 성공의 발판으로 삼아야 한다.

위기를 극복하라

살다 보면 어찌 햇빛 맑고
바람 잔잔한 날들만 있을까
눈보라와 비바람이 몰아치고
낭떠러지에 떨어질 때도 있다

경쟁의 대열에서 최선을 다해도
잠시 한눈팔면 뒤로 처진다
곳곳에 도사린 함정에 발 헛디뎌
어처구니없이 쓰러질 때도 있다

위기는 누구에게나 찾아오지만
그 앞에 무릎 꿇어서는 안 된다
더 큰 성공을 위한 시련은
승리를 위해 뛰어넘어야 한다

절망하거나 포기하지 말고
좌절에 자리 내주지 말고
그걸 기회로 삼아 도전하여
삶의 새 지평을 열어야 한다

세상의 모든 지혜 59 자산

저 높은 곳의 성공을 잡으려면
실패의 디딤돌이 필요하다

사람들은 분수도 모르고 욕심에 눈이 멀어 신기루 같은 출세와 성공을 좇는다. 그러다 패배의 쓴잔을 마시고 절망한다. 대학 입시나 사법 고시, 또는 입사 시험에서 몇 번 실패했다고 좌절한다면 패기 있는 젊은이라고 할 수 없다. 성공하려면 실패의 고통을 겪어야 한다. 승리는 부채(負債), 패배는 자산(資産)이라고 한다. 시험이나 사업, 사랑에 실패했는가. 그것은 성공을 위한 투자이며 자산이라고 생각하라.

패배를 자산으로 삼아라

무쇠가 담금질로 강철이 되듯이
자신의 고난을 이겨 낼수록
더욱 단단한 강철이 되어
큰 값을 받게 될 것이다

잘한 일이나 자랑스러운 일보다
잘못한 일과 부끄러운 일이 많아
손해를 입고 후회하기도 하지만
실패와 후회 속에서 성공이 싹튼다

현실의 높은 벽이 막혀 실패하더라도
용수철처럼 다시 뛰어오를 수 있는
과정이라 생각하고 좌절하지 말고
지혜를 짜내어 열심히 노력하라

저 높은 곳의 성공을 잡으려면
실패의 디딤돌이 필요하다
우리는 더 많이 실패하고
더 높이 도약해야 한다

세상의 모든 지혜 60 자각

행복은 언제 어디서나 우리를 부른다

2014년 『천재교육』 중학교 3학년 도덕 교과서에 실렸다. 학가산 산골에서 태어난 나는 어릴 적 파랑새를 잡는 소년이었다. 앞산 너머 저쪽에는 분명 파랑새가 살고 있을 것이라고. 언젠가는 그 파랑새를 잡아 나의 행복을 만들겠다고 마음속에 단단히 벼르며 살아왔다. 나이가 들어서야 그 파랑새가 내 안에 들어 있음을 알았다. 감사하고 만족하는 가난한 마음속에 행복의 파랑새는 언제나 지저귄다. 그러나 불평하고 욕심내는 사람에게서 파랑새는 날아가 버린다. 노력하고 땀 흘리면 파랑새는 내 손에 있지만, 내가 게으르고 불성실하면 파랑새는 멀리 날아가 버린다는 사실을 뒤늦게 깨달았다.

행복의 파랑새

눈에 보이지 않고 손에 잡히지 않지만
행복은 언제 어디서나 우리를 부른다
산 너머 마을에는 파랑새가 살고 있다고
저 강 건너면 무지개를 잡을 수 있다고

너도나도 쫓아가지만 파랑새도 못 보고
무지개도 못 잡고 빈손으로 돌아와서는
행복은 내 안에 있는 것이라고
뒤늦게 자신을 돌아본다

잠든 아들의 이마를 짚는 어머니의 손길
오순도순 피어나는 겨울밤의 긴 이야기
촛불 아래서 긴 편지를 쓰는 연인의 그리움
포장마차 속에서 피어오르는 모락모락 연기

행복의 파랑새는 산 너머 마을에 있지 않고
언제나 우리 곁에서 지저귀는 것
일곱 빛깔 무지개는 재물과 권력에 있지 않고
우리들 가난한 마음속에서 피어나는 것

7부

인생은 함께하는 여행이다

꿀벌은 하나의 꽃만을
고집하지 않는다.
이 꽃, 저 꽃을 넘나들며
꿀을 모은다.
꽃들 사이를 넘나들며
꿀을 따면서도
꽃을 상하게 하지 않는다.
인간도 이렇게 나눌 수 있다.
누구에게도 상처를 주거나
상처 입히지 않고
더불어 살고 함께 나눌 수 있다.
우리 안에 사랑만
넘쳐난다면 말이다.

세상의 모든 지혜 61 덕담

덕담하는 사람은 복을 받고
악담하는 사람은 화를 입는다

"침 뱉은 우물 다시 먹는다."라는 말이 있다. 다시는 안 볼 듯 침 뱉고 돌아서지만, 나중에 다시 먹게 된다는 말이다. 또 "발 없는 말이 천리를 간다."라고 한다. 말을 상처를 치료하는 영약(靈藥)이 되고 사랑을 일구는 묘약(妙藥)이 되기도 한다. 우리는 살면서 많은 시간을 남의 말을 하며 보낸다. 남의 좋은 점을 말하기보다는 나쁜 점, 잘못된 점을 화제로 삼는다. 그런 자리에서 무심코 뱉은 말, 악의 없이 한 말일지라도 당사자에게는 돌이킬 수 없는 상처가 될 수 있다. 그러나 덕담하면 상대를 이롭게 하고 자신에게도 이익이 된다. 악담하면 화가 돌아오고 덕담하면 복이 돌아온다.

덕담하기

사람은 좋거나 싫거나
남의 말을 하며 살아가게 된다
상대가 없는 데서 주고받은 말은
그 사람에게 되돌아가는 법이다

우리가 말을 주고받을 때
좋은 덕담이면 약이 되지만
헐뜯고 깎아내리는 악담이면
독이 되어 내게로 돌아온다

사람과 사람 사이의 일은
짧은 세 치 혀가 비수가 되고
독화살이 되기도 하지만
잘 쓰면 세상을 이롭게 한다

남에게 덕담하는 것이
곧 나를 덕담하는 것이니
덕담하는 사람은 복을 받고
악담하는 사람은 화를 입는다

세상의 모든 지혜 62 칭찬

내가 그를 칭찬하면 그도 나를 칭찬할 것이다

재물이나 권력보다 얻기 어려운 것이 사람이다. 사람을 얻으려면 상대의 마음을 얻어야 한다. 제갈량은 왜 오랑캐인 남만의 왕 맹획을 일곱 번 붙잡아 일곱 번 놓아 주었는가(七縱七擒). 그의 마음을 얻기 위함이었다. 남의 마음을 얻기 위해서는 내가 먼저 마음을 열어야 한다. 밭을 가는 황소도 주인의 칭찬을 들으면 더 열심히 땀을 흘린다. 하물며 사람이겠는가. 열 가지 단점을 볼 게 아니라 한 가지 장점을 높이 사서 칭찬하자. 칭찬에 마음이 뿌듯하고 기쁘지 않을 사람은 아무도 없다. 그러면 거칠고 메마른 인생길에 사막의 오아시스처럼 기쁨의 샘물이 끝없이 솟아날 것이다.

칭찬에 익숙해져라

사람을 얻는 것은
또 하나의 나를 얻는 것
나를 얻지 않고는
남을 얻을 수 없다

내가 그를 믿으면
그도 나를 믿을 것이며
내가 그를 칭찬하면
그도 나를 칭찬할 것이다

마음의 뿌리에서부터 차오르는
칭찬은 칭찬을 낳으리라
오해와 시기와 질투를 버리고
칭찬하며 서로를 북돋우자

남을 얻기 위해서는
내가 먼저 나를 주어야 한다
아낌없는 칭찬의 말을 할 때
내게 몇 배의 기쁨을 준다

세상의 모든 지혜 63 상품

인생이라는 시장에서 상품인 나를 어떻게 내놓을까

세상은 나와 너와 우리가 모여 생각과 사상을 주고받고, 물건을 사고파는 시장이다. 행복을 사고파는 시장이다. 인생이라는 시장에서 나를 어떻게 팔 것인가. 여기에 성패가 달려 있다. 셰익스피어, 톨스토이, 미켈란젤로, 카네기, 세종대왕, 이순신 등 성공한 사람들은 죽어서까지 자기 자신을 판다. 우리는 프로 세일즈 휴먼이 되어야 한다. 프로에게 최상의 무기는 정직과 최선이다. 우리는 자기 자신을 팔면서 산다. 생각하고 이룬 것, 살아온 길, 삶의 부피를 파는 세일즈 휴먼이다. 좀 더 비싸게, 좀 더 많이 팔아야 돈이 생기고 명예를 얻는다.

좋은 상품이 되어라

세상은 거대한 시장이다
우리가 무언가를 팔려면
철저한 프로가 되어야 한다
아마추어는 살아남을 수 없다

모자란 점은 채우고
모난 부분은 다듬어야 한다
겉만 다듬을 게 아니라
속도 알차게 채워야 한다

눈속임은 파산의 지름길이니
더 알차고 고급스럽게 만들어
더 많이 파는 일이다
더 비싸게 파는 일이다

인생이라는 시장에서
상품인 나를 어떻게 내놓을까
나를 비싸게 파는 비결은
내가 좋은 상품이 되는 것이다

세상의 모든 지혜 64 으뜸

누구나 으뜸 사람이 될 수 있다

어릴 적에는 나폴레옹이나 칭기스 칸 같은 전쟁 영웅만 영웅인 줄 알았다. 을지문덕이나 강감찬, 이순신 같은 장군만 나라를 구한 영웅인 줄 알았다. 나라를 굳건히 지키고 세계를 풍요롭게 하는 데 필요한 것이 어찌 싸움 잘하는 영웅뿐이랴. 사회가 다양해진 만큼 21세기에는 각 분야에서 다양한 영웅이 필요하다. 스포츠, 예술, 과학, 기술 등 뛰어난 기량을 발휘하는 사람은 모두 영웅이다. 솔잎 먹는 데는 송충이가 으뜸이다. 내 분야에서는 내가 으뜸이라는 정신으로 최선을 다한다면 우리 모두 으뜸 사람이 될 수 있다.

으뜸 사람이 되어라

우리는 모두 으뜸 사람이다
자기 분야에서 최선을 다하면
이 세상에는 으뜸 사람만 있고
꼴찌 사람은 없을 것이다

전쟁터에서는 싸움 잘하는 사람
물에서는 헤엄 잘 치는 사람
농촌에서는 농사 잘 짓는 사람
시장에서는 장사 잘하는 사람

빵을 잘 구워도 으뜸 사람
음식을 잘 만들어도 으뜸 사람
머리를 잘 만져도 으뜸 사람
구두를 잘 닦아도 으뜸 사람

누구나 으뜸 사람이 될 수 있다
교실에서는 공부를 잘하고
운동장에서는 빨리 달리거나
공을 잘 차면 으뜸 사람이다

세상의 모든 지혜 65 동행

더불어 잘살고 함께 가야 한다

우화도 시대에 따라 다른 버전이 나온다. 이솝 우화 속 「개미와 베짱이」에 나오는 개미는 오늘날 그리 환영받지 못한다. 새 버전이 나올 정도로 삶의 틀이 바뀌었다. 일만 하던 개미가 병들어 눕자 노래를 열심히 불러 가수가 된 베짱이가 문병을 온다. 「토끼와 거북이」에서도 부지런한 거북이가 일방적으로 박수를 받던 시대는 지났다. 혼자만 잘살고 혼자만 앞서는 것으로는 충분하지 않다. 더불어 일등 사회를 꿈꾸어야 한다.

더불어 잘살아라

토끼와 거북이가 경주하는데
토끼가 잠들자 거북이가 일등한다
그러나 잠든 토끼를 내버려 두고
혼자 달려간 게 정정당당했는가

거북이는 쉬지 않고 제 길을 갔고
토끼는 걸음이 빨라 잠시 자만했다
거북이가 좀 더 걸음을 빨리 하고
토끼가 한 걸음 늦추면 함께할 것을

토끼라고 자만하지 말며
거북이라고 낙심하지 말 일이다
앞서 도착하는 게 일등이 아니라
최선을 다해 뛰는 게 일등이다

부정한 승리보다는
공정한 패배가 더 값지다
혼자 잘살고 혼자 일등하기보다는
더불어 잘살고 함께 가야 한다

세상의 모든 지혜 66 위기

위기가 오면 도전장을 던져라

살다 보면 어찌 햇빛 맑고 바람 잔잔한 날들만 있을까. 눈보라와 비바람이 몰아칠 때도 있고, 때로는 낭떠러지에서 떨어질 때도 있다. 더 큰 성공을 위해 위기는 필요하다. 그러나 위기를 일부러 만들 필요는 없다. 위기는 기회이며 희망이다. 위기는 승리하는 자의 것이다. 물러서지 말고 위기에 맞서 도전하라. 절망하거나 포기하지 말고 과감히 돌파하여 더 큰 성공의 발판으로 삼아라.

위기에 맞서 싸워라

누구나 몇 번의 위기를 만난다
예기치 못한 격랑에 휩쓸린다
하지만 위기는 절망이 아니라
성공과 실패를 가름하는 시금석

소극적인 사람은 위기를 만나면
벼랑에 선 듯 당황하고 낙심해도
적극적인 사람은 위기를 발판삼아
성공을 향해 힘차게 도약한다

위기를 피해 도망친다면
위기는 사나운 추적자가 되고
위기에 맞서 싸운다면
위기는 추적을 그치고 물러간다

도전 없이는 성공도 없다
물러설 수 없는 삶의 전투장에서
위기가 오면 도전장을 던져라
패배 없는 용감한 전사가 되어라

세상의 모든 지혜 67 기회

주어진 기회를 놓치지 마라

좋은 기회를 놓쳤다며 후회하는 사람이 있다. 왜 기회를 놓쳤을까. 좋은 일자리를 얻을 기회, 꿈을 이룰 기회, 손꼽아 기다리던 기회를 왜 놓쳤을까. 기회를 놓친 게 아니라 움켜쥘 힘이 없었다. 기회를 잡을 준비가 안 되었다. 오지 않는다. 그래서 울고, 그래서 지치고, 그래서 쓰러져 피 흘린다. 아무 준비 없이 기다리는 것은 그물도 없이 고기를 잡으려는 것과 같다. 기회는 찾아오는 것이 아니라 만들고 붙잡는 것이다.

그물로 고기를 잡아라

우리는 기다리며 산다
사람을 기다리고 꿈을 기다리고
성공을 기다리고 돈을 기다리며
그날이 오리라고 믿는다

그러나 기다림이 곧 성공은 아니다
기회가 와도 잡을 힘이 없으면
어느새 멀리 날아가 버린다
기회는 준비하는 자에게만 온다

기회는 내 안에 있는 것
돌탑을 쌓듯 하루하루
나의 일에 충실할 때
기회는 더불어 찾아오는 것

기회는 기다리는 게 아니다
기회는 움켜잡는 것이니
주어진 기회를 놓치지 마라
기회는 언제나 오는 게 아니다

세상의 모든 지혜 68 대가

허황한 욕심에 마음이 흔들릴 때마다

"호루라기에 너무 큰돈을 쓰지 마라." 벤저민 프랭클린이 평생 가슴에 간직했던 교훈이다. 일곱 살 때, 실제 가격보다 네 배나 더 주고 산 호루라기의 뼈아픈 실수에서 배운 값진 교훈이었다. 누구나 한 번쯤은 비싼 값을 치르고 물건을 산 기억이 있을 것이다. 순간적인 유혹과 부질없는 집착으로, 허영과 욕심에 눈이 멀어 터무니없이 비싼 값을 준 것이다. 욕심에 속아 넘어가는 것이 이런 일뿐이겠는가. 있는 그대로를 보지 못할 때가 얼마나 많은가. 제대로 볼 줄 알아야 지혜롭고 현명한 사람이다.

실수를 거울로 삼아라

순간적으로 넥타이를 산 적이 있다
현란한 무늬와 화려한 색에 현혹되어
제값보다 더 비싸게 치렀지만
그 넥타이는 곧 싫증이 났다

그제야 터무니없이 비싼 값을 준
나의 어리석음에 놀라고 말았다
그 실수는 삶의 거울이 되어
충동적인 구매 욕구를 잠재웠다

그 실수는 나의 값비싼 투자
나를 일깨워 주는 거울이 되었다
허황한 욕심에 마음이 흔들릴 때마다
물건값과 가치를 비교하게 되었다

한때의 실수를 거울삼아
신중한 선택과 판단으로
실수를 되풀이하지 않을 때
실수로부터 값진 보상을 받는다

세상의 모든 지혜 69 보람

얼굴만 떠올려도 미소 짓게 하고

선비들이 글공부한 것은 벼슬하거나 돈을 벌기 위해서가 아니었다. 성현들의 말씀에 따라 사람답게 사는 길을 익히려는 것이었다. 오늘날 지식을 배우는 것은 생존 경쟁에서 남보다 앞서가려는 삶의 기술을 터득하려는 것이다. 그러나 다양한 지식이 있어도 인격을 제대로 갖추지 못한 사람들을 접하게 된다. 들꽃에도 저마다의 색깔과 향기가 있는데, 사람으로서의 향기를 뿜어내지 못한다. 그러나 지식이 없어도, 지위나 명예가 없어도, 내세울 것 없이 평범해도 향기가 나는 사람이 더 많다.

사람답게 살아라

아무리 많은 지식이 있어도
아무리 높은 지위가 있어도
아무리 빛나는 명예가 있어도
사람 냄새가 없는 사람이 있다

그러나 나를 굽힐 줄 알고
이웃과 나누고 상대를 배려하며
타인에게 용서를 베푸는 사람은
나를 사로잡는 사람이다

얼굴만 떠올려도 미소 짓게 하고
이름만 들어도 기분 좋은 사람
만나서 차를 나누며 이야기하면
향기가 솔솔 배어나오는 사람이다

사람 사는 도리를 알고
품위와 인격을 갖춘 사람을 만나면
나는 저절로 머리를 숙이고
마음의 옷깃을 여민다

세상의 모든 지혜 70 친구

친구와 함께라면 힘들지 않고

고달프고 가파른 인생길을 홀로 외롭게 간다면 얼마나 힘들까. 친구는 큰 재산을 가진 것보다 가치가 있다. 하늘 끝에 살아도 외롭지 않으려면 나를 알아주는 친구가 있어야 한다. 이해타산을 넘어 가슴을 맞대고 슬픈 일과 기쁜 일을 이야기할 수 있는 친구가 있어야 한다. 넉넉할 때보다는 어려울 때 찾아 주는 친구가 있어야 한다. 자신보다 친구를 더 소중히 생각하는 친구가 있어야 한다. 나를 위해 자신의 목숨도 아끼지 않을 친구와 더불어 살아간다면 외로움과 고통은 사라질 것이다. 어리석은 사람은 친구를 적으로 만들고 지혜로운 사람은 적도 친구로 만든다.

나 같은 친구를 만나라

나를 알아주는 사람이
이 세상에 한 사람만 있으면
하늘 끝에 살아도 외롭지 않다고
당나라 시인 왕발은 말했다

내 짐을 대신 등에 지고 가는
그런 사람이 좋은 친구라고
인디언들이 말했듯이
진정한 친구가 있어야 한다

아무리 멀고 힘든 길이라도
친구와 함께라면 힘들지 않다
친구에게 가는 길은 멀어도
가깝다고 여겨질 것이다

기쁨과 슬픔을 나눌 친구가 없으면
이 세상에서 가장 외로운 사람이다
고단한 인생길 걸으며 터놓고 말할
친구가 있다는 것은 큰 행운이다

8부

지혜

나와 세상의 등불

지혜는 열심히 노력해서
얻을 수 있는 게 아니다.
욕망의 덫에서 벗어나
내가 나를 자유롭게 할 때
지혜의 빛은
제 모습을 드러낸다.
지혜가 있으면 더는 결핍에서
헤매지 않고 무엇인가를
애써 얻어야 할 갈급함에서도
해방된다.
지혜는 나와 세상을
밝히는 등불이다.

세상의 모든 지혜 71 필력

칼 든 자들은 붓을 두려워하라

중국의 모택동은 "권력은 총구에서 나온다."라고 일갈했다. 총구가 권력을 제공해 줄지 모르지만 잠시뿐이다. 총칼로 권력을 잡은 자는 총칼로 쓰러진다. 총칼로 세계를 지배하려 했던 자는 총칼로 망한다. 이탈리아, 독일, 일본은 세계 대전에서 패망했다. 신라 말기의 최치원은 당나라에 가서 반란을 일으킨 황소(黃巢)에게 격문을 써 보내 황소의 난을 물리쳤다. 한말의 큰 선비이자 애국지사인 최익현은 붓 한 자루로 흥선 대원군의 실정(失政)에 맞서 싸웠다. 붓은 물리적인 힘이 아닌 정신에서 나온다. 경륜, 슬기, 지혜에서 우러나온다. 지도자는 사람들에게 감동을 주고 마음을 사로잡는 붓의 힘을 배워야 한다.

칼보다 붓이 강함을 알라

붓 끝에서 새어나온 시 한 줄은
천 사람의 마음을 움직이고
정의의 먹물을 찍은 붓은
백만 대군과 맞선다

붓은 칼보다 강하다
권력을 쫓아 칼을 들지 말고
마음을 갈고닦아 붓을 세우고
생각의 날을 갈아야 한다

영원한 것은 총칼이 아닌 붓이다
총칼보다 더 강한 붓으로
국민의 마음을 사로잡는
정치를 펼쳐야 한다

칼 든 자들은 붓을 두려워하라
칼은 한 사람의 목을 칠 수 있지만
붓은 국가 권력을 무너뜨릴 수도 있고
역사를 올바로 세울 수도 있다

세상의 모든 지혜 **72** 존재

무슨 일을 어떻게 하고 또 어디를 향해 가는가

고대 그리스의 철학자 소크라테스는 "너 자신을 알라."라고 했다. 아무리 세월이 흘러도 이 말은 인류의 금언(金言)이 되었다. 사람들은 흔히 자기 자신을 안다고 믿는다. 그러나 등잔 밑이 어둡다. 나를 가장 모르는 사람은 정작 자기 자신일 때가 많다. 지피지기(知彼知己)면 백전백승(百戰百勝)이라고 한다. 나를 아는 것은 가장 쉬운 일이면서도 가장 어렵다. 어떻게 살아야 지혜로운지 다시금 나를 알고 나를 깨닫자.

나 자신을 알라

내가 가장 잘 아는 나
도무지 모를 또 다른 나
내가 누구인지 돌아보고
나를 통해 깨달아야 한다

지금의 나는 누구인가
언제 어디서 어떻게 왔으며
무슨 일을 어떻게 하고
또 어디를 향해 가는가

나를 알면 싸움에서 이기고
나를 모르면 싸움마다 진다
나를 알고 나를 찾는 데서부터
큰 스승들은 깨달음을 얻었다

지금 내가 어디에 서 있는지
가는 길이 어디인지 돌아보면
눈앞을 흐리게 하던 안개가 걷히고
새로운 세계의 희망봉이 손짓하리라

세상의 모든 지혜 ## 73 믿음

마음은 마음으로 얻는다

믿음보다는 불신의 골이 깊은 세상이다. 서로가 믿지 못해 알 수가 없다. "열 길 물속은 알아도 한 길 사람 속은 모른다."라고 했던가. 믿는 도끼에 발등 찍힌다는 말도 있다. 인생살이의 비극은 사람의 마음을 알지 못하고 얻지 못하는 데서 생긴다. 마음과 마음이 어긋날 때 불행이 싹튼다. 남의 마음이 궁금한가. 그 마음을 얻고 싶은가. 있는 그대로 내 마음을 여는 것이 우선이다. 가식 없는 진실한 마음으로 보면 다른 이의 마음도 보인다.

사람의 마음을 얻어라

사람의 마음을 안다는 것은
정말 어려운 일이다
내 마음도 잘 모르는데
남의 마음을 어떻게 헤아릴까

서로의 마음을 알 수가 없는데
무엇으로 사람의 마음을 얻을까
내가 거짓되면 상대도 거짓되고
내가 진실하면 상대도 진실하다

사람의 마음을 얻으면
세상을 얻을 수 있고
사람의 마음을 움직이면
세상을 움직일 수 있다

마음은 돈으로 살 수 없고
권력으로도 빼앗을 수 없다
마음은 마음으로 얻는다
순수하고 진실해야 얻는다

세상의 모든 지혜 74 둥지

육신의 집이 아닌 영혼의 둥지를 틀어야 한다

서울의 아파트와 고층 빌딩이 하늘 높은 줄 모르고 치솟는다. 샹들리에가 화려한 도심의 백화점에서는 외국산 명품 옷과 액세서리가 판을 친다. 이 같은 좋은 집과 옷과 장식품은 모두 육신을 위한 것이다. 우리는 자신의 영혼을 위해 무슨 집을 짓고 어떤 옷을 입는가. 육신만 아름답게 치장할 게 아니라 영혼을 풍요롭게 살찌워야 한다. 육신은 일시적이지만 영혼은 영원하기 때문이다. 생각의 나무를 다듬고 지혜의 벽돌을 쌓아 올려야 한다.

영혼의 둥지를 틀어라

까치가 나뭇가지에 집을 짓듯이
제비가 추녀 끝에 둥지를 틀듯이
우리도 육신의 집이 아닌
영혼의 둥지를 틀어야 한다

육신을 위해 맛있는 음식과
비단옷을 장만하듯이
영혼을 위해 생명의 양식과
진리의 갑옷을 준비해야 한다

늘 따뜻한 햇볕과
맑은 물소리가 살고
바람과 눈과 비를 막아 줄
영혼의 둥지를 지어야 한다

내 영혼이 편히 쉴 수 있는
안온한 보금자리를 지어야 한다
육신의 집보다 더 크고 아름답게
영혼의 집을 지어야 한다

세상의 모든 지혜 **75** 순간

지금 이 순간이 가장 소중합니다

모든 일은 지금 이 순간에 이루어진다. 위대한 역사도 과거 속의 지금 이 순간에 이루어진 일이다. 내일 일어날 일도 내일의 지금 이 순간에 이루어질 것이다. 현실 속에 존재하는 시간은 지금 이 순간뿐이다. 지금 이 순간은 가장 존중 받아야 할 시간이고 가장 아껴야 할 시간이다. 지금 이 순간을 놓치면 다시는 오지 않는다. 많은 사람이 지금 이 순간 해야 할 일을 다음 기회로 미루고 가슴을 친다. 머뭇거리다가 때를 놓쳤다고 후회한다. 세월은 우리를 기다려 주지 않는다. 가고 싶은 곳이 있을 때 가고, 보고 싶은 사람이 있을 때 길을 떠나라. 지금 사랑한다고 말하라.

지금을 최대한 활용하라

오르고 싶은 산이 있거든
지금 배낭을 꾸리십시오
가 보고 싶은 도시가 있거든
지금 여행 가방을 챙기십시오

내일모레 하고
자꾸 지체하다 보면
달이 가고 또 해가 가서
아예 떠날 수 없을지도 모릅니다

부르고 싶은 노래가 있거든
지금 목청껏 부르십시오
꿈꿀 수 있을 때 꿈꾸십시오
나이 들면 꿈도 시들어 버립니다

기회는 다시 오지 않습니다
내일로 미루지 말고
오늘 사랑의 꽃을 피우십시오
지금 이 순간이 가장 소중합니다

세상의 모든 지혜 76 고독

나를 사랑하고 사람을 사랑할 때

어느 시인은 "외로우니까 사람"이라고 노래했다. 외로우니까 사람이지만 외롭지 않을 수 있는 것도 사람이다. 사랑을 주지도 받지도 않아서 외로워진다는 것처럼 불행한 일이 있을까. 울고 싶을 때 함께 울어 줄 사람이 없다는 것은 얼마나 슬픈 일인가. 시련과 고난에 빠져 허우적대는 것보다 더 불행하고 슬픈 일은, 그럴 때 붙잡아 줄 사람이 아무도 없다는 것이다. 사람을 사랑하자. 서로 손잡고 행복의 길을 걷기 위하여 사랑을 주고받자.

제대로 사랑하라

늘 혼자인 사람이 있다
남이 부러워할 높은 지위와
많은 부를 누리면서도
외로움을 타는 사람이 있다

사랑을 줄 줄도 모르는 사람과
받을 줄도 모르는 사람은
어쩌다 어려움이 닥쳐도
손을 내밀어 주는 이가 없다

사랑이 없는 사람은
외로운 섬처럼 쓸쓸한 사람
외로운 사람만큼
불행한 사람은 없다

마음 문을 활짝 열어젖히고
나를 사랑하고 사람을 사랑할 때
외로움은 멀리 떠나가고
행복이 찾아와 문을 두드린다

세상의 모든 지혜 77 진실

누구도 믿지 못하고 자신도 못 믿는

"열 길 물속은 알아도 한 길 사람 속은 모른다."라는 말이 있다. 사람의 마음은 예측 불가능한 판도라의 상자와도 같다. 우리 사는 세상에는 양의 탈을 쓴 늑대처럼, 악어의 눈물처럼 겉과 속이 다른 위선자들의 모습이 곳곳에 있다. 가면을 쓰고 사는 것에 너무 익숙해져서 민낯을 드러내는 게 쑥스러운가. 꾸밈없는 그대로의 모습이 그립다. 겉과 속이 같은 진실한 모습이 그립다. 이 시간 마음을 열고 거울 앞에 서야 하리라. 남을 탓하기 전에 나부터 허위와 거짓을 털어 내고 살아가야 하리라.

겉과 속이 같은 모습으로 살아라

내 마음을 나도 모르는데
남의 마음을 어떻게 헤아릴까
오래도록 만나고 사귀어도
점점 더 속을 모를 사람이 있다

벗기고 벗겨도 껍질뿐인 양파처럼
알맹이가 없어서인지
겹겹이 알맹이가 있어서인지
속을 알 수 없는 사람이 있다

과대 포장한 상자처럼
겉과 속이 다른 사람이 있다
신화 속의 판도라 상자처럼
전혀 예측할 수 없는 사람이 있다

불투명한 회색 지대를 서성대며
누구에게나 믿음을 주지 못하고
누구도 믿지 못하고 자신도 못 믿는
판도라의 상자 같은 사람이 있다

세상의 모든 지혜 78 사랑

사람의 마음은 아무리 퍼내도 마르거나 줄어들지 않는다

우주를 구성하는 가장 기본적인 것은 사랑이다. 세상의 모든 식물과 동물을 낳고 기르는 것은 사랑이다. 우리 자신도 사랑의 소산이다. 세상에 태어난 이상 사랑을 경험하지 않는 사람은 없다. 모든 에너지가 고갈되어도 사랑의 에너지는 줄어들거나 사라지는 법이 없다. 혹시 닫힌 마음으로 사랑을 가두지는 않았는가. 사랑의 에너지는 아낄 필요가 없다. 태양처럼 아무리 써도 다함을 모르는 것이 사랑이다. 쓰는 데 익숙해져야 하는 것이 사랑이다. 사랑의 샘물은 쓰면 쓸수록 더욱 솟아나기 때문이다.

사랑을 나누며 살아라

물 없이는 물고기가 헤엄칠 수 없고
창공 없이는 새가 날아다닐 수 없듯이
사람은 사랑 없이는 살 수 없으니
사람답게 살았다고 할 수 있으랴

좋은 비단옷이 있고
맛있는 음식이 있고
푹신한 잠자리가 있어도
사랑이 없으면 기쁨도 없는 것

사람은 사랑을 입고 먹고 덮으며
사랑을 위해 살아야 제대로 사는 것
나를 사랑하고 부모 형제를 사랑하고
또한 이웃을 사랑해야 한다

나는 사랑을 위해 무엇을 했는가
사랑으로 사랑을 나누며 살았는가
사랑의 마음은 아무리 퍼내도
마르거나 줄어들지 않는다

세상의 모든 지혜 79 선물

마음보다 더 큰 선물은 없다

선물은 마음을 설레게 한다. 마음이 담긴 정성 어린 선물은 받는 이의 마음을 기쁘게 한다. 이 기쁨은 주는 이에게로 다시 돌아오기도 한다. 대가를 바라고 주는 선물이나 분에 넘치는 선물은 순수하지 못하여 받은 이의 마음을 상하게 한다. 가장 아름다운 선물은 마음이다. 마음이 담긴 선물이라면 들에 핀 풀꽃 한 송이라도 오래도록 고운 향기로 핀다. 주는 사람과 받는 사람의 마음에 꽃을 닮은 선물이 오간다면 이보다 더 큰 선물은 없다.

마음의 선물을
주고받아라

꽃 같은 마음으로 다가가서
향기로 그 마음 문을 열면
주는 사람 받는 사람의 마음에
새로운 꽃이 활짝 피어난다

꽃을 주면 희망을 주면
주는 사람 받는 사람도
그 마음에 꽃이 피고
희망이 샘솟으리라

주는 마음 받는 마음
마음이 담긴 선물은
상대에게 줌으로써 받고
받음으로써 주는 것

선물을 주는 것은
선물을 받는 것이다
마음의 선물을 주자
마음보다 더 큰 선물은 없다

세상의 모든 지혜 80 행복

행복은 눈에 보이지도 않고
손에 잡히지도 않는다

행복에도 일정한 공식이 있을까. 한 사람의 생애를 두고 행복 아니면 불행이라는 등식을 적용할 수 있을까. 그렇지 않다. 돈이 있어서 행복하지만 돈 때문에 불행을 당하기도 한다. 권력으로 행복하지만 목숨을 잃기도 한다. 행복은 돈이나 권력의 크기로 잴 수 없다. 겉보기의 질량이 크든 작든 누리는 자의 몫이다. 행복할 권리는 누구에게나 있다. 불행에 몸을 맡기고 싶은 사람은 없다.

행복을 누려라

누구나 행복을 추구하고
행복을 누리려고 한다
행복할 권리가 있으며
행복해지기를 원한다

행복은 눈에 보이지도 않고
손에 잡히지도 않는다
행복을 좇는 이는 많지만
행복을 잡은 이는 만나기 어렵다

사람마다 추구하는 행복이 다르고
크기도 달라 그걸 재는 잣대는 없다
포도주 한 잔에 행복해하는 이가 있고
한 잔뿐이라고 불평하는 이도 있다

불행 속에서 행복을 찾는 이가 있고
행복 속에서 불행을 느끼는 이도 있다
행복은 손에 쥐여 주는 게 아니니
찾아 쥔 행복을 놓치지 말라

9부

행동이 없으면 빈 껍데기

사람을 행복하게 하는 것은
머릿속 복잡한 계획이 아니다.
계산과 어림짐작이 많을수록
그 사람은 불행하다.
머리는 한가하고 부지런히
손을 놀리는 사람이 행복하다.
뜸을 들이지 마라. 내일,
내일 하고 미루지 마라.
가볍게 산책하듯이
손과 발을 놀려라.
일을 만나면 즉시 처리하라.
뒤로 미룸으로써
부담 갖지 마라.

세상의 모든 지혜 81 최면

꿈을 꾼다는 것은 살아 있다는 것이다

인간은 누구나 행복을 꿈꾸며 산다. 누구나 행복해질 권리가 있다. 그러나 노력 없이 얻어지는 것은 하나도 없다. 살아온 날보다 살아갈 날이 많지 않더라도 가슴에 품은 유토피아를, 그 꿈을 죽는 순간까지 버리고 싶지 않다면 최면을 걸어라. 행복하다고 생각하면 행복해진다. 불행하다고 생각하면 불행해진다. 행복을 꿈꾸는 자는 행복하다. 조금 전까지 절망에 빠져 있다가도 살아 있다는 것만으로도 행복해하면 절로 행복해진다. 더욱 높고, 더욱 크고, 더욱 넓은 꿈을 향해 나갈 때는 군더더기 생각을 버려야 한다.

꿈을 키워 나가라

꿈을 꾼다는 것은
살아 있다는 것이다
꿈이 없으면 삶의 의미가 없다
살아 있지 않으면 꿈이 없다

꿈이 있는 그대에게 말한다
상대가 할퀴고 간 상처 자국도
행복하다고 자꾸 최면을 걸면
말끔히 씻기니 꿈을 키워 나가라

나의 땀과 노력은 꿈을 위해 있다
캄캄한 어둠 속에서 등대를 발견하고
파도치는 바다에서 항구를 찾는다면
길이 없는 곳에서 이정표가 된다

멈추지 말고 망설이지 말고
땀과 눈물과 지혜를 모아
꿈을 위해 나를 올인하자
소중한 나의 꿈은 현실이 된다

세상의 모든 지혜 82 미래

오늘 심는 나무에 미래라는 꽃이 핀다

교육은 백년대계(百年大計)라고 한다. 교육이라는 나무는 먼 후일을 내다보고 심어야 한다는 뜻이다. 오랜 전통의 유럽 도시를 가면 몇백 년에 걸쳐 지은 궁궐이나 사원을 만나게 된다. 인류의 역사와 문화는 그 나무에서 그 열매로 탄생했다. 그 시대에 심은 나무들은 오늘을 거두는 소중한 열매이다. 서두르는 것만이 능사가 아니고, 빨리 이루는 게 최선이 아니다. 백 년을 내다보는 지혜로 오늘 할일을 생각해야 한다. 인류의 역사와 문화도 그 시대에 심은 나무들이 오늘날 꽃을 피운 것이다. 오늘도 정성껏 나무를 심자.

미래라는 나무를 심어라

저 나무가 언제 뿌리를 내리고
언제 자라 꽃 피고 열매 맺을까
생각만으로도 까마득해진 아들이
나무를 심는 아버지에게 말했다

그 나무에서 열매를 따려면
십 년은 걸릴 거라고 하자
아버지가 아들에게 말했다
그렇다면 서둘러 심어야겠구나

흘린 땀방울만큼 수확하듯이
십 년이 아니라 백 년이 걸려도
오늘 나무를 심지 않으면
내일 열매를 거둘 수 없다

시간이라는 나무는
거짓을 응답하지 않는다
오늘 우리가 심는 나무에
미래라는 꽃이 핀다

세상의 모든 지혜 **83** 생각

생각하는 것을 실천하면
탐스러운 열매를 따게 된다

안고수비(眼高手卑)라는 말이 있다. 눈은 높지만 손은 낮다는 뜻이다. 보는 눈인 뜻과 생각은 높지만, 그것을 이루기 위한 재능과 실천이 따르지 못함을 가리킨다. 안목이 높아야 하고 이상이 바로 서야 한다. 머리의 생각과 입술의 말을 손과 발이 뒷받침해 주어야 한다. 하나를 알면 하나를 실천하자. 실천이 따르지 않으면 칼집에 든 칼일 뿐이다.

좋은 생각은
바로 실천하라

사람의 운명은 얼굴이나
손금에 있는 게 아니라
그 사람의 생각에 있으니
생각한 것은 바로 실천하라

아무리 좋은 생각도
실천하지 않으면 종이호랑이
생각은 물과 같아서
고이면 썩고 퍼내면 맑아진다

생각하는 것을 실천하면
탐스러운 열매를 따게 된다
실천이 따르지 않는 생각은
좋은 열매를 거둘 수 없다

제 욕심만 차리지 말고
남보다 한발 앞서 생각하라
남에게 이로운 생각을 하면
운명의 여신이 미소 지으리라

세상의 모든 지혜 84 담장

마음의 담장을 허물고 살자

더러는 담이 없는 집이 있다. 그러나 서울 부촌의 고급 주택가를 지날 때면 괜히 위화감을 느낀다. 높은 담장 위에 철조망이 있고 곳곳에 감시 카메라까지 있다. 담장만 봐도 그 집에 사는 사람의 신분과 재산을 짐작할 수 있다. 얼마나 많이 가졌으면 골목에 방범 초소가 있는데도 겹겹이 철조망을 두르고 사는지 모르겠다. 사람의 마음도 저렇듯 높은 담장을 쳐 놓고 살지는 않는지. 담장 없이 더불어 사는 사람들을 어디서 찾을 수 있을는지.

담장을 허물어라

사람 사이에도 담장이 있다
마음을 깊이 감추고 살면서
불빛과 말소리가 들리지 않게
문을 열지 않는 사람이 있다

까마득히 높은 담장과 가시 철망
보안 장치까지 하고 사는 이들은
담장을 높이 쌓는다는 것이
나를 가두는 일임을 알지 못한다

내가 먼저 담장을 허무는 것이
이웃의 담장을 허무는 일임을
왜 모르고 사는 것일까
이제라도 담장이 없는 집이 되자

누구든 내 집에 들어서게 하고
나도 밖으로 쉽게 나갈 수 있도록
마음의 담장을 허물고 살자
마음의 빗장을 풀어 열어젖히자

세상의 모든 지혜 # 85 일꾼

마지막 한 방울의 땀과 눈물을
아낌없이 바쳐야 한다

자기가 좋아하는 일에 미쳐서 사는 사람은 행복지수가 높다. 자신의 길을 뚜벅뚜벅 걷는 사람들은 일이 너무 좋아 하루 24시간이 부족한 사람들이다. 하루가 모자라고, 한 주가 모자라고, 한 달이 모자라고, 한 해가 모자란 사람들이다. 좋아서 하는 일이 생계를 풍족하게 하는 일이라면 그보다 바람직한 일이 어디 있으랴. 그런 인생이야말로 알짜배기이다. 자신이 좋아하는 일에 미치는 것은 복된 일이다.

일에 미쳐라

내가 하고자 하는 일
내가 좋아서 하는 일에
한껏 미치는 것보다
더한 행복이 어디 있으랴

할 일이 있으면 행복하다
하루가 모자랄 정도로
미칠 만큼 일에 몰두하는
그것이 최고의 삶이다

내가 일하는 뜻을 알려면
작은 일에라도 미쳐야 한다
마지막 한 방울의 땀과 눈물을
아낌없이 바쳐야 한다

한 번쯤은 미칠 일이다
남이 대신할 수 없는
나만의 일에 뛰어들어
후회 없이 파묻힐 일이다

세상의 모든 지혜 86 변화

오늘의 새로운 나를 맞는다

새로운 지식과 정보가 무제한으로 밀려온다. 과학 문명의 눈부신 발전은 물리적인 변화뿐만 아니라 사고방식과 가치관까지 바꾸어 놓았다. 어제의 생각이 낡은 것이 아니라 한 시간 전의 생각이 쓸모없어지는 시대에 살고 있다. 이러한 변화의 시대에 능동적으로 대처하기 위해서는 나 자신부터 바꾸어야 한다. 세상을 내게 맞출 수는 없다. 나를 변화시켜 빠르게 변모하는 세상에 적응해야 한다. 어제의 내가 아닌 오늘의 새로운 나로 다시 태어나야 한다.

새로운 나로 태어나라

새가 깃털을 갈고
사슴이 뿔을 갈듯이
애벌레가 허물을 벗고
나비가 되어 날갯짓하듯이

어두운 밤이 지나고
새아침이 밝아 오듯이
닳고 해진 헌 신발 버리고
새 신발 신고 걸어가라 한다

오늘의 나는 어제의 내가 아니고
내일은 오늘의 내가 아니듯
어제의 낡은 나를 보내고
오늘의 새로운 나를 맞는다

새로운 나를 위하여
새로운 생각과 새로운 각오로
나는 오늘의 나를 보내고
내일의 새로운 나를 맞는다

세상의 모든 지혜 87 노동

일할 때는 즐겁게 해야 한다

노동은 짐이 아니라 인간의 귀중한 선물이다. 일하지 못한다는 것, 일할 수 없는 것은 불행한 일이다. 인류 역사상 위대한 사람들의 생애는 평범한 사람들보다 많은 일을 했음을 역사는 증언한다. 먹이를 사냥하는 짐승은 생존을 위해 일한다. 사람은 생활을 위해 일하고 그 속에서 보람과 즐거움을 찾는다. 그러니 주어진 일을 기쁨으로 알아야 한다. 좋아서 하는 일은 보람을 안겨 주고 긍지를 느끼게 한다. 몸이 안 좋아 병실에 누워 있거나, 감옥에 갇혀 있는 사람처럼 일할 수 없거나, 여러 사정으로 일을 빼앗긴다면 그 얼마나 큰 고통이겠는가.

일을 즐겨라

사람은 적성에 맞거나 안 맞거나
누구나 일을 하며 살아간다
일하지 않고 놀면 좋을 것 같지만
그처럼 불행한 일도 없을 것이다

세상에 쉬운 일은 아무것도 없다
육체 노동이나 정신 노동이나
일다운 일을 하려면 땀을 흘리고
살을 깎고 뼈를 깎아야 한다

그러나 그런 일의 고통은
일해서 얻는 수확이 있으므로
어렵고 힘든 일일수록 나중에
큰 보람과 기쁨을 얻는다

내가 하는 일은 모두
좋아서 한다고 생각하면
그 일은 고통이 아니라 기쁨이니
일할 때는 즐겁게 해야 한다

세상의 모든 지혜 88 의욕

일할 때는 일하고 놀 때는 놀자

인생은 환상으로 가득 찬 무지갯빛 동화가 아니다. 열심히 일해야 먹고 살 수 있는 치열한 전쟁터이다. 목숨을 부지하려면 좋든 싫든 일해야 한다. 일하다 보면 스트레스가 생긴다. 스트레스에 시달리고, 스트레스에 짓눌리고, 스트레스로 인한 질병을 앓는다. 무엇이 최상의 약인가. 그것은 즐거움이다. 아무리 힘들고 괴로워도 일이 즐겁다면 스트레스는 물러날 것이다. 내가 하는 일에 부드러운 바람 같은 의미를 붙이자. 일상의 무게가 무겁더라도 깃털처럼 가볍다고 생각하자.

잘 노는 사람이
일도 잘한다

즐겁게 일하면 피곤하지 않다
내켜서 일하면 지루하지 않다
기꺼운 마음으로 일할 때는
스트레스가 들어설 자리가 없다

주어진 일이 최선이라고 생각하자
고통 속에서도 희망을 발견하고
좌절 속에서도 의욕을 불태우면
일하는 기쁨이 찾아올 것이다

내 앞에 놓인 일이 힘들더라도
노동이라고 생각하지 말고
마음이 시키는 대로 움직이자
피곤함도 지루함도 마음에서 온다

잘 노는 사람이 일도 잘한다
일할 때는 일하고 놀 때는 놀자
일과 즐겁게 논다고 생각하면
하루하루 즐거움이 가득하리라

세상의 모든 지혜 **89** 최선

오늘은 하루의 새로운 날

어제와 내일이 있지만 우리가 사는 날은 언제나 오늘이다. 생존을 위한 싸움을 시작하는 날이다. 하루를 보람 있게 살면 그것들이 쌓여 어제의 달콤한 열매를 딴다. 더 나은 내일을 약속받는다. "내일 지구의 종말이 오더라도 오늘 나는 사과나무를 심겠다."라는 스피노자의 말을 상기하자. 내일은 없다는 생각으로 오늘을 살자. 오늘의 승리를 위해 최선을 다하자. 오늘도 한 그루의 사과나무를 심자.

오늘은 새로운 날이다

어제가 굳게 지른 빗장을 푼다
눈을 뜨면 문을 여는 하루는
날마다 열리는 새로운 날이지만
오늘은 오늘을 겨룰 뿐이다

오늘은 하루의 새로운 날
내 생활의 새로운 시작의 날
오늘은 어제가 아니고
내일 또한 아닌 게 분명하다

내일은 없다는 생각으로
이기거나 지거나 비기거나
오늘과의 싸움에 전부를 던져
생존의 싸움을 시작하는 날

하루를 밑지면 한 달이 밑지고
한 달이 밑지면 한 해가 밑지고
한 해가 밑지면 일생이 밑진다
그러니 오늘을 이겨야 한다

세상의 모든 지혜 90 인화

사람은 가장 아름다운 꽃이다

꽃밭에는 달리아, 백일홍, 복숭아, 분꽃, 옥잠화, 채송화 등 각기 다른 꽃이 저마다의 특성과 아름다움을 뽐낸다. 들이나 산에는 노란 꽃, 보라 꽃, 붉은 꽃, 흰 꽃 등 크고 작은 꽃이 핀다. 왜 키가 작냐, 왜 붉은색이냐 묻거나 놀리지 않는다. 봄, 여름, 가을, 겨울 색색의 옷을 입은 꽃들은 제 몸에 알맞게 살아간다. 사람 사는 세상도 그렇다. 키가 큰 사람과 작은 사람, 뚱뚱한 사람과 홀쭉한 사람, 피부가 흰 사람과 까만 사람, 얼굴이 예쁜 사람과 못난 사람도 모두 꽃이다. 그러니 특성대로 어우러져 살아야 한다. 그래야 아름다운 꽃밭이 된다.

이 세상은 아름다운 꽃밭이다

꽃이 지천인 이 세상 꽃밭에는
똑같은 얼굴이 하나도 없다
꽃밭에는 서로 다른 색깔
다른 모습의 꽃들이 피어난다

이름도 다르고 높낮이도 다르다
제 땅에 뿌리내린 것도 있고
바람 타고 실려 온 것도 있지만
꽃이라는 이름은 모두 아름답다

사람 사는 세상도 이와 같아서
색깔과 크기와 향기가 달라도
사람은 가장 아름다운 꽃이다
세상은 가장 아름다운 꽃밭이다

우리는 개성 있는 꽃이다
자신의 꽃밭에서 꽃으로 피어난다
내 주변 사람들도 꽃밭의 꽃처럼
물 주고 거름 주고 돌볼 일이다

10부

삶에 깊이를 더해 주는 시간을 가져라

현대인은 바쁘다는 말을
입에 달고 산다.
바쁘면 바쁠수록
마음은 쓰레기로 가득하다.
죽어라고 일해도
행복한 게 아니다.
지혜가 깃들 공간마저 없어진다.
모든 것을 내려놓고
가만히 귀 기울여 보라.
당신을 부르는
소리가 들리지 않는가.
삶을 돌아보는
가장 깊은 휴식 시간에 비로소
가장 사람다운 사람이 된다.

세상의 모든 지혜 91 감사

주어진 일에 감사할 때
더욱 감사할 일이 생기리라

감사하다고 하면 큰 은혜가 손을 내밀 것이다. 노력이 부족했으니 내년에는 더 열심히 일해 크게 수확하겠다고 기원하는 농부에게는 풍년이 기다릴 것이다. 한 해 동안 땀 흘려 열심히 일했는데 왜 더 많은 곡식을 거두지 못했을까. 파도와 힘겹게 싸우며 잡은 고기를 보고 왜 이리 적을까. 이렇게 불평하기보다는 감사해야 한다. 오늘 양식은 충분하다고 감사하면 만선의 내일이 기다릴 것이다. 하나님께 감사하고 부모에게 감사하고 이웃에게 감사하고 나에게 감사하자. 그러면 감사할 일이 자꾸 생길 것이다.

주어진 일에 감사하라

매사에 감사의 눈으로
나를 찬찬히 살피고
욕심 없이 세상을 돌아보면
모든 것이 감사할 뿐이다

이만큼 가진 것에 감사하다
이만큼 건강하여 감사하다
이만큼 기쁨을 누려 감사하다
감사할수록 감사할 일이 생긴다

왜 나는 남보다 적게 가졌을까
왜 나는 남보다 어렵게 살까
왜 나는 슬픔이 더 많을까
불평할수록 불평할 일이 생긴다

죄 없는 하늘을 원망하며
애꿎은 남을 탓하기보다는
주어진 일에 감사할 때
더욱 감사할 일이 생기리라

세상의 모든 지혜 92 기도

기도는 점점 더 우리를 살찌게 한다

싸움터에 나갈 때는 한 번, 바다에 나갈 때는 두 번, 결혼할 때는 세 번 기도하라는 러시아 격언이 있다. 결혼은 그만큼 신중해야 함을 강조한 말이다. 살아가는 동안 중요한 고비마다 기도가 필요함을 깨우쳐 주는 말이다. 어릴 때는 기도의 참뜻을 모른 채 그저 소원을 이루어 달라고만 빌었다. 하지만 세상살이를 통해 하나님께 읍소하기보다는 하나님의 뜻을 듣는 기도가 더 중요하다는 것을 점차 깨우쳤다. 기도는 나를 찾는 길이고 세상을 옳게 살아가는 길임을 알았다. 기도하는 마음으로 살아간다면 세상은 지금보다 훨씬 밝고 따뜻해지리라. 기도는 나의 밥이요, 나의 소망이다. 나의 집이요, 나의 숨결이다.

늘 기도하며 살아라

나의 하루는 기도의 연속이다
기도로 해가 뜨고 해가 진다
길을 가다가 밥을 먹다가
일하다가 잠자다가 기도한다

나를 돌아보며 기도한다
나를 채찍질하며 기도한다
슬픈 일을 당할 때 기도한다
어려운 일을 만날 때 기도한다

기도는 아침을 여는 열쇠
하루의 문을 닫는 자물쇠
캄캄한 밤에 빛나는 하늘의 별
난파된 밤바다에서 만나는 등대

기쁠 때나 슬플 때나
아무리 써도 닳지 않는 기도는
점점 더 우리를 살찌게 한다
잠들지 않고 우리를 지킨다

세상의 모든 지혜 93 생명

저 혼자 잘났다고 남을 무시하고
거드름 피우며

자갈은 발에 스치기만 해도 속수무책 튕겨나간다. 바닥에 납작 엎드린 자갈은 조금만 틈이 생겨도 반쯤은 튕겨나갈 태세를 취한다. 가만히 있다가 얻어맞은 자갈은 휙 튀어올라 자갈을 밟은 사람의 정강이를 때리고 도망가기도 한다. 우리는 자갈처럼 튕겨나가지 말아야 한다. 불평, 불만, 미움, 증오로 튕겨나가기보다 태어난 것에 감사해야 한다. 이 세상에 태어나서 한 번밖에 쓸 수 없는 목숨이다. 생명의 소중함을 깨닫고, 그에 알맞게 최선을 다해 감사하며 살아야 한다.

자갈처럼
튕겨 나가지 마라

바닷가 자갈밭을 걷는다
자갈밭을 걷다 보면 불안하다
자갈이 언제 어디로 튕겨나갈지
아무도 모르기 때문이다

발에 톡 차이기만 해도
순식간에 튕겨나간 자갈은
제자리를 벗어나자마자
다른 자갈을 치고 달아난다

우리 주변에도 이런 사람들이 있다
사람의 발에서 저 혼자 잘났다고
남을 무시하고 거드름 피우며
못살게 구는 사람들이 있다

성공하지 못했다고 원망하거나
남보다 더 많이 갖지 못했다고
자포자기하며 사는 사람들도
튕겨 나가려는 마음을 접어야 한다

세상의 모든 지혜 **94** 평화

활화산 같은 분노를 억제하고

힘은 분노에서 생기지 않는다. 감정에 치우쳐 화를 내고 마음의 평정을 잃으면 세상을 바라보는 균형 감각을 잃어버린다. 공평하지 못하고 고정 관념과 편견이 생긴다. 분노의 감정에 흔들리지 않고 마음을 평화롭게 다스리면 세상을 이기는 힘이 나온다. 가녀린 꽃잎을 어루만지는 어머니의 손길 같은 자애로움이다. 아픈 이들은 용서하고 침묵하고 명상하라. 미움과 불만, 분노와 욕망을 버리고 평정과 평화로 마음을 가득 채워라. 그것은 자신을 다스리는 내면의 평화로부터 온다.

평화로운 마음을 가져라

욕망을 이기는 힘은 어디서 오는가
분노를 이기는 힘은 어디서 오는가
시련을 이기는 힘은 어디서 오는가
자신을 이기는 힘은 어디서 오는가

활화산 같은 분노를 억제하고
솟구치는 욕망도 꼭꼭 누르고
호수처럼 마음에 평화가 깃들 때
자신과 세상을 이기는 힘이 온다

부드러운 것이 강하다
모나지 않고 편안하고 넉넉하면
미움과 불안을 사라지게 하고
헛된 욕망도 녹여 버린다

돌부리에 차이고 가시에 긁힌
생의 상처를 아물게 하는 것은
분노에 대한 복수와 증오가 아니다
그 힘은 평화로운 마음에서 생긴다

세상의 모든 지혜 ## 95 귀가

하루를 조용히 마감하는 시간

생존을 위해 치열하게 싸워야 한다. 전쟁터의 병사들에게 싸움 후 돌아와 쉴 막사가 없다면 어떻게 될까. 세상의 싸움터에서 지친 우리에게도 자기만의 작은 자유와 평화를 누릴 집이 필요하다. 집으로 향하는 발길은 평화를 갈구하는 순례자가 된다. 그래서 집을 찾는 걸음이 더욱 빨라진다. 세파에 시달리며 살아온 날들 속에서 나만의 공간, 나만의 시간을 갖지 못한다면 다시 나가 싸울 수 있겠는가. 외로운 싸움터를 벗어나 찾아든 집에서 감사의 입맞춤을 한다.

집에서는
편안하게 쉬어라

바깥바람이 으스스 차다
일터에서 고단한 발걸음을 돌려
내 작은 집으로 돌아오는 길
어둡고 가파른 골목길을 걷는다

어쩔 수 없이 싸워야 하는
물고 뜯고 할퀴고 먹고 먹히는
생존의 고달픈 싸움터에서 벗어나
나를 찾아가는 짧은 여행이다

폭풍 뒤의 고요함과도 같은
하루를 조용히 마감하는 시간
내일의 싸움터로 나가기 위해
오늘 내 집에서 잠시 휴식한다

나만의 자유와 나만의 사색과
나만의 꿈과 나만의 노래와
나만의 사랑과 나만의 희망인
나의 요람에서 편안하게 쉰다

세상의 모든 지혜 96 용서

때 묻은 하루를 씻기 위해

살아가기 위해 남을 할퀴고 상처 주지는 않았는가. 사소한 일에도 신경을 곤두세우며 상대를 불편하게 대하지 않았는가. 허리를 굽히고 자존심을 꺾지는 않았는가. 하루를 접는 시간에는 나를 돌아보고 미운 사람도 용서하는 성찰이 필요하다. 함부로 흘려보낸 시간을 돌아보아야 한다. 거울 속 또 다른 나와 마주하여 마음에 걸리는 이름들을 용서한다. 모든 것은 시간 속으로 흘러가 정화될 것이다. 하루를 마감하는 조용한 시간은 두 손 모아 나를 돌아보게 한다.

나를 돌아보게 하는 거울이 있어야 한다

우리의 생각이나 마음을
비추어 주는 거울이 있다면
천만금을 주고라도
그 거울을 사려고 할 것이다

그런데 그런 거울이 없어서
자신을 알지 못하는가
오락가락하는 생각에는
어떤 구름이 어디로 흐르는가

세상의 바깥은 찬바람이 불고
아군은 없고 적군만 득실거린다
돌부리에 걸려 넘어지고
사나운 이빨에 물어 뜯긴다

때 묻은 하루를 씻기 위해
나를 뉘우치며 나를 돌아본다
하루를 마감하는 시간은
나를 돌아보게 하는 거울이다

세상의 모든 지혜 97 휴식

새로운 힘은 휴식에서 나온다

태초에 하나님은 천지를 만든 후 휴식을 취하셨다. 인간에게도 안식하라고 명하셨다. 인간은 기계가 아니라 신의 형상을 따른 만물의 영장이다. 쉬지 않고 일만 하는 것은 인간다운 모습이 아니다. 노동의 기쁨은 대가를 얻는 데서 생기지만 그것은 돈이 아닌 향유이다. 참다운 삶을 누리기 위해서는 휴식이 필요하다. 휴식은 새로운 땀을 흘리게 한다. 겨울잠에서 깨어난 개구리가 힘차게 봄 앞에서 기지개 켜듯이 휴식은 생각의 뜰을 넓혀 가는 마음의 꽃밭이다.

휴식을 취하라

밤을 지새운 아침 이슬처럼
겨울을 이겨낸 꽃의 향기처럼
쉬지 않고 걸어온 길을
땀 흘린 뒤의 휴식이 말한다

오늘도 한 잔의 커피를 마시며
한 권의 시집을 읽으며
영혼의 물살을 짓는 음악 속에서
더 많은 시간을 준비하는 것

쉬기 위해 쉬는 게 아니다
새로운 땀을 흘리기 위해
더 많은 열매를 따기 위해
휴식은 반드시 있어야 한다

일하면서 흘린 땀은 신성하지만
땀으로 땀을 씻을 수는 없다
휴식은 또 하나의 작업
새로운 힘은 휴식에서 나온다

세상의 모든 지혜 98 자연

태고의 자연으로 돌아가야 한다

개발과 문명의 이름으로 자행되는 지구촌의 환경 파괴가 심각하다. 미역 감고 빨래하던 맑은 물은 더러워졌다. 물고기가 살 수 없는 시내나 강이 수두룩하다. 겉보기만 멀쩡할 뿐 바닷속은 쓰레기장이 되어 간다. 과학 문명은 평화보다는 대량 살상 무기를 낳고, 물질 문명은 행복보다는 인간의 도덕성을 파괴했다. 현대 산업 사회는 인간 생활에 편리함을 주지만, 자연을 훼손하고 오염시켜 생존을 위협한다. 이제 자연과 더불어 손잡고 나가야 한다. 자연이 바탕이 되지 않고는 현대가 있을 수 없다는 걸 실감해야 한다.

자연과 더불어 살아라

문명의 깃발을 펄럭이는
우주 여행의 날이 다가왔지만
인류는 캄캄한 밀림 속에서
더욱 방황하며 신음한다

문명의 불도저로 곳곳을 파헤쳐
하늘과 땅이 썩고 물이 썩고
바람이 썩어 가는 지구촌은
인류를 공격하는 무법천지

자연의 법칙을 외면하는
문명의 성난 울음소리는
공룡보다 더 무서운 발걸음으로
재앙의 불길을 몰아오고 있다

하늘이 처음 열린 그날로
이제는 돌아가야 한다
사람과 자연이 손잡고 어울리던
태고의 자연으로 돌아가야 한다

세상의 모든 지혜 99 강물

강물처럼 흐르는 세월 속에서

인생은 흐르는 강물이다. 한번 흘러가면 다시는 돌아올 수 없다. 주어진 시간의 강물을 따라 의미 없이 흘러갈 일이 아니다. 어제의 강물인지 오늘의 강물인지 눈을 크게 뜨고 바라보아야 한다. 오늘의 강물은 오늘을 흘러간다. 왜 사는지, 무엇을 남기고 가야 하는지, 어떻게 살아야 하는지 진지하게 물어 보아야 한다. 가슴에 물음표를 그리며 가야 한다. 이왕 그릴 거라면 크게 그리자. 크게 구하는 자가 크게 얻는다.

강물이 흘러가는 곳을 알고 떠나라

멈추지도 않고
쉬지도 않고 흐르는 강
강물은 어제도 오늘도
흐르고 흘러 바다로 간다

한번 가면 돌아오지 않는 강을
이대로 흘려보낼 것인가
우리도 흐르는 세월 속에서
강물처럼 인생길을 간다

돌아오지 않는 강처럼
한번 가면 돌이킬 수 없는 시간
강물처럼 흐르는 세월 속에서
갈 곳을 알고 떠나야 한다

내가 누구인지
어디로 가고 있는지
또 무엇을 찾아가는지
진지하게 돌아보아야 한다

세상의 모든 지혜 100 기적

기적이 메마른 이 시대에
불신을 확신으로 채우고

살아가면서 때로는 바다와 산 같은 장애물을 경험한다. 그러나 힘들고 어려울 때마다 믿음보다 더 위대한 건 없다는 것을 깨닫는다. 성경이 가르치듯 믿음은 소망이나 사랑과 더불어 인생을 항해하기 위한 최고의 무기이며 최대의 힘이다. 이들은 상호 작용으로 긍정적이고 적극적인 인생관을 갖게 한다. 서로 믿어야 한다. 믿음이 없는 이 시대에 믿음으로 기적을 일구며 살아가자. 믿음은 기적을 낳는다.

믿음의 눈으로 바라보라

믿음의 눈으로 바라보면
대홍수를 넘은 노아의 방주도
홍해를 가른 모세의 지팡이도
오늘 우리 앞에 있을 것이다

사람은 믿음이 있으면
엄청난 대홍수를 피하고
거침없이 바다를 가르고
태산이라도 옮길 수 있다

사람은 믿음이 없으면
잦은 의심으로 일을 망친다
산을 넘고 바다를 막기는커녕
작은 모래성도 허물지 못한다

하지만 믿음은 기적을 낳는다
기적이 메마른 이 시대에
불신을 확신으로 채우고
절망을 희망으로 변화시켜라

김영진(金永鎭) / 시인, 수필가

▶ 문단 경력
1965년   시집 『초원의 꿈을 그대들에게』(동아출판사), 박치원 서문
1968년   한국문인협회 회원
1976년   황금찬 추천으로 한국기독교문인협회 시분과 회원
         초동교회 예배 후 황금찬 시인을 좌장으로 조향록, 이희복,
         소재영, 김태준, 김영진, 이수웅, 전덕기, 설의웅 등이 모여
         40여 년 동안 2천 회 이상 문학 사랑방을 열면서 시문학 공부
1981년   해외 기행문 『나들이』(수문서관) 출간
         조경희 추천으로 수필 등단. 한국수필문가협회 회원
1985년   독서신문에 「김영진의 책읽기」 5년 연재
         『책한테 길을 물어』(현대문학) 출간. 김동리 서문
         새마을연수원 독서 교재로 채택
1987년   『사랑과 봉사의 길』(대한교과서주식회사) 출간
1989년   자기계발 에세이 『뛰는 자가 아름답다』(성서원) 출간(27쇄)
1994년   신앙 에세이 『열린 문으로 들어가기』(국민일보) 출간(8쇄)
         박동규 서평으로 대한출판문화협회 '이달의 청소년 도서' 선정
         동포문학상 본상 수상
1995년   『책 읽는 사람이 세계를 이끈다』(웅진지식하우스) 출간(27쇄)
         이어령 서평. 한국간행물윤리위원회 '청소년을 위한 좋은 책' 선정
         한국수필 문학상 본상 수상
2001년   『네 인생을 재부팅하라』(청림출판)출간(3쇄)
2002년   시집 『희망이 있으면 음악이 없어도 춤춘다』(웅진지식하우스) 출간(7쇄)
         이어령 서평. 대한출판문화협회 '이달의 청소년 도서' 선정
         노산문학상 본상 수상
         『21세기 찬송가』 중 「말씀으로 이 세상을」이 찬송가(작사)로 채택
         20번째 저서, 신앙 위인 시집 『나를 부르는 소리』(성서원) 출간(3쇄)
         한국기독교 문학상 수상
2003년   『별과 꽃과 사랑의 노래』(웅진지식하우스) 출간
2005년   국민일보에 「시인 김영진의 성경 속의 인물」 226회 연재
         『성경 속의 인물들』(전 3권, 성서원) 출간
         『10대여, 네 안의 힘을 믿어라』(웅진지식하우스) 출간(2쇄)
2006년   시와 에세이로 쓴 『금강산 맛있게 보기』 출간(금강산)
         한국문학예술대상 수상

	김남조, 성찬경, 이근배, 오세영 서평. 초판 1만 부 발행
2008년	시와 에세이로 쓴 『개성 맛있게 보기』(금강산) 출간
	박완서, 김우종 서평
2011년	시와 에세이 『백두산』(민음사) 출간
	11월 11일 수계 '김영진 문학관' 개관
2012년	자기계발 서적 『365일 에너지 충천소』12판(금강산) 출간
2016년	『재밌는 성경』3판 (전3권, 성서원)
	기독교 청소년 최우수도서 선정
2017년	『365 기도충전소』(성서원)
	성경전장 시와찬송 『성경의 노래 전5권』(성서원)
	'김영진 성경시 문학관'(벽제역 4거리) 이전 개관
2018년	시집 『빈그릇의 노래』한국문협 서울시 문학상
	『에너지충전 다이어리』(김영진문학관)
	『세상의 모든지혜 100』(김영진문학관)
연재물	1995년~2014, 주택신문 『차 한잔의 여유』고정 코너에 신작시 20년 연재
	2008년, 크리스천투데이 『재밌는 성경』,
	국민일보 『성경의 노래』 구약 등 12년 연재
	월간목회 『성경의 노래』 신약 260장 6년 연재

▶ 학력과 주요 경력

1944년	경북 예천 출생. 보문초등학교, 안동사범병설중학교, 안동경안고등학교,
	감리교신학대학 대학원 졸업, 고려대 경영대학원 (1976년 재학시 27회 학생회장) 수료
1972년	성서원 설립 후 『성서백과대사전』(전 12권), 『칼빈주석』(전 40권),
	『그랜드종합주석』(전 20권), 『월드북』(전 100권) 외 『만나성경』,
	『베스트성경』, 『좋은성경』『힐링성경』, 『QA성경』 등 총 1천여 종의 성경류 출판
1982년	순수 어린이 잡지 『새벗』 500호 넘게 발행
1972년	초동교회 장로.
	전국신학대학협의회 총무 이사(1982년)
	서울기독실업인회 부회장(1983년), 한국잡지협회 회장(1995~1997년),
	한국기독교출판협회 회장(2000년), 한국기독교문인협회 회장(2011년),
	한국문인협회 이사, 펜클럽 감사 역임, 한국시인협회 이사

▶ 상훈

한국간행물윤리상, 한국기독교문학상, 동포문학상 본상,
한국수필문학상 본상, 한국잡지언론상, 노상문학상 본상,
한국문학예술대상, 대통령 표창, 대한민국 은관문화훈장

김영진문학관
金永鎮文學館

「김영진 문학관」은 2016년 6월 16일 경기도 덕양구 대자동 에서 개관했다.
2011년 11월에 문을 연 경북 예천 '수계 김영진 문학관' 이
경북도청 통상관으로 사용하게 되어 이곳으로 이전한 것이다.
「김영진 문학관」에는, 시인이자 수필가인 김영진 시집, 에세이,
자기계발, 기독교 서적 등 50여 권이 전시 되어 있다.
또한 각종 문학상 수상, 서울 혜화동 로터리와 시인 등의 시비(詩碑) 사진을 한 눈에 볼 수 있다.
또 김 시인의 역사를 한 눈에 볼 수 있는 작품과 사진,
문인들과 주고 받은 편지 등을 12폭 병풍 8개에 담아 놓았다.

경기도 고양시 덕양구 대자동 통일로 512길 6-29 Tel. 02-765-0011~17 Fax. 02-743-6811

시를 쓰지 않는 시인

김영진 시인은 시를 쓰지 않는다.

그냥 찾는다.
그냥 걷는다.
그냥 넘는다.
그냥 만진다.
그냥 만난다.
그냥 먹는다.
그냥 구른다.
그냥 기도한다.

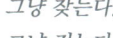

김영진 시인은 시를 쓰지 않는다.

시가 빛이라면 그의 시는 닭이 울기전의 새벽 아직 먼동이 트기전의 어둠이다. 시가 새라면 아직 날지 않고 나뭇가지에서 막 깃을 펴는 순간이다. 시가 말이라면 아직 말하기 전의 혀이고 입술이고 그 진동이다. 김영진 시인의 시는 몸짓이고 시선이고 온 몸의 진동이다. 날숨과 들숨 사이에 멈춰 있는 공기, 폐부에서 맴도는 뜨거운 입김이다. 조금 있으면 폭발할 시의 뇌관이다. −이어령(문학 평론가, 전 문화부 장관) 평론중에서-

Mobile. 010-2026-0012   E-mail : youngjinkim7daum.net   Web.www.youngjinkim.co.kr

세상의 모든 지혜 **100**

2019년 1월 11일 초판 1쇄 발행
지은이 | 김영진
일러스트 | 김천정 화백
펴낸곳 | 성서원
주소 | 경기도 고양시 덕양구 덕은로 60-12 우)412-170
이메일 | saebut-9106@hanmail.net
인터넷 홈페이지 | www.biblehouse.co.kr
김영진 홈페이지 | www.youngjinkim.co.kr
출판등록 | 제1-2201호
전화 | 02-765-0011~7
팩스 | 02-743-6811

ⓒ김영진2019
저작권자와 맺은 특약에 따라 검인을 생략합니다.

※이 책은 저작권법에 따라 보호받는 저작물이므로 무단 전재와 복제를 금지하며,
이 책 내용의 전부 또는 일부를 인용하려면 반드시
성서원 김영진『세상의 모든 지혜 100』( )페이지, 출처를 밝히고
성서원 이메일 saebut-9106@hanmail.net로 전송하셔야합니다.

값 5,000원
잘못된 책은 바꾸어 드립니다.

※선물용으로 1,000부 이상 주문시
 OEM방식으로 제작하여 드립니다.
 〈주문상담 : 김영진 010-2026-0012〉